AF346904

BIOGRAPHIES FORÉZIENNES

L.-PIERRE GRAS

SECRÉTAIRE-ARCHIVISTE DE LA DIANA

1833-1873

PAR

ARTHUR DAVID

PARIS

IMPRIMERIE PARISIENNE (G. ROBERT, D.)

RUE DU FAUBOURG-SAINT-DENIS, 10

Novembre 1888

L.-PIERRE GRAS

L.-PIERRE GRAS

SECRÉTAIRE-ARCHIVISTE DE LA DIANA

1833-1873

PAR

ARTHUR DAVID

PARIS

IMPRIMERIE PARISIENNE (G. ROBERT, D^r)

RUE DU FAUBOURG-SAINT-DENIS, 19

Novembre 1888.

A MON PÈRE

MONSIEUR JEAN-BAPTISTE DAVID

ANCIEN MEMBRE DE L'UNIVERSITÉ
OFFICIER DE L'INSTRUCTION PUBLIQUE
CHEVALIER DE LA LÉGION-D'HONNEUR
De la Société de la Diana.

A LA MÉMOIRE

DE

Louis-Pierre GRAS

SECRÉTAIRE-ARCHIVISTE

DE

LA DIANA DE MONTBRISON

*Le plus sincère et le plus dévoué des amis
qu'il eut en ce monde.*

ARTHUR DAVID.

AUX FORÉZIENS

Il y a des gens qui ne lisent jamais une préface. Il en est d'autres, qui se contentent de parcourir d'une façon distraite quelques pages du livre, puis le referment avec dédain, persuadés qu'ils en connaissent le contenu, et peuvent juger suffisamment de l'intérêt général qu'il présente.

La Vignette ci-dessus, représente les armes des villes de Saint-Etienne, Montbrison et Roanne, ainsi qu'elles sont décrites dans l'armorial général de d'Hozier (manuscrits, 17 vol., n° 385, cabinet des titres).

P. Gras les blasonne autrement

Saint-Etienne : *d'azur à deux palmes en sautoir d'or, cantonnées d'une couronne fermée et de trois croisettes du même.*

Montbrison : *de gueules au château d'or.*

Alias : *à la tour couverte, fenestrée d'un avant mur crénelé d'or, sur un mont du même, au chef cousu de France*

Roanne : *d'azur au croissant d'argent.*

Les trois villes du Forez, portent actuellement ces dernières armoiries.

Je ne puis souffrir les exagérations ; et de ces deux catégories d'indifférents, je préfère de beaucoup la première. Les préfaces sont, pour la plupart du temps, je l'avoue, fort insignifiantes ; elles ennuient les personnes assez dévouées pour les lire en entier, et n'ajoutent rien, soit à la valeur, soit à l'utilité de l'ouvrage.

Puis, l'auteur, quelque habile qu'il soit, a toujours l'air de prendre son public pour un parfait imbécile. Il me fait l'effet d'un pitre intelligent qui, grimpé sur ses tréteaux, crierait à la foule :

Entrez, Messieurs ! entrez Mesdames ! Pénétrez dans cet établissement unique au monde. Vous y verrez des choses surprenantes, étourdissantes, merveilleuses, jusqu'à ce jour inconnues. Entrez, suivez la foule et vous sortirez satisfaits. Le boniment de *Vert-de-Gris* manque rarement son effet.

Eh bien, me dira-t-on, pourquoi dès lors avoir écrit cet avant-propos ?

En voici la raison :

Je devais aux Foréziens, presque mes compatriotes, au milieu desquels ma famille vit depuis de longues années, d'expliquer en quelques mots, comment j'ai été amené à publier ces pages.

Quand, après avoir traversé les nombreux orages de ce monde, on atteint un certain âge, on s'aperçoit d'ordinaire qu'on a gaspillé le plus souvent, sans profit pour autrui ou pour soi, les meilleures années de sa jeunesse. Alors, la lassitude des hommes et des choses, résultat de l'apaisement des passions, le dégoût des intérêts mesquins toujours en lutte, vous saisissent et vous font aspirer au repos. Le temps est venu, où l'on doit imiter la sage philosophie de ce Marquis-poëte du XVIIe siècle, et songer sérieusement à la retraite.

Mon spirituel confrère Aurélien Scholl, a écrit ces deux lignes d'une frappante vérité : « Plus on avance « dans la vie, plus on se rattache à ceux que l'on a « connus dans sa jeunesse ».

J'ajouterai : plus on revoit avec curiosité, les événements auxquels on se trouva mêlé comme acteur ou simple spectateur. On ne vit désormais que du passé, le présent intéresse à peine, l'avenir vous laisse indifférent.

En fouillant dans mes souvenirs de jeune homme, en mettant de l'ordre dans ma correspondance intime, à la lecture de papiers personnels soigneusement classés depuis près de trente-cinq ans, tout cet autrefois s'est subitement révélé à mes yeux.

J'ai revu mon insouciante jeunesse, mes débuts dans la Société, mes joies, mes désillusions plus nombreuses encore, les sympathies dont j'ai été l'objet, les haines injustifiables que ma situation m'a créées, et les nombreux camarades dont beaucoup ont pour toujours disparu.

Je me demande si ceux qui survivent valaient mieux que ceux qui sont partis, et pourquoi ils sont restés aux prises avec les luttes amères de l'existence.

De tous mes amis d'enfance, L. Pierre Gras dont j'écris la biographie, fut pendant vingt années le meilleur, le plus dévoué, le plus affectueux. Je considère comme un devoir, comme un hommage rendu à sa mémoire, de dire tout ce que je sais de lui, de révéler des faits intimes que nul ne soupçonne, sur cet aimable garçon, ce jovial causeur, cet infatigable chercheur, ce laborieux, à qui la fortune n'a jamais complètement souri, et qu'une mort prématurée est venue enlever, il y quinze ans, à l'estime de tous, à la Science archéologique, enfin à la Société de la *Diana de Montbrison* où l'on recueille et conserve intactes, les grandes traditions historiques du Forez.

Ironie du sort, ou basse jalousie humaine, on ne reconnaît d'ordinaire la vraie valeur d'un homme que lorsqu'il n'est plus! On a écrit avant moi, quelques articles biographiques sur Pierre Gras. Ils sont pour la plupart exacts, mais généralement incomplets. On n'y trouve rien d'intime, de personnel, de nouveau. C'est le cliché habituel, une étude à la Mirecourt; il n'y a que le titre de changé.

Pas un écrivain n'a su préciser d'une façon exacte les défauts ou les qualités de ce singulier tempérament, et mettre en relief les nombreux côtés peu connus d'une sympathique physionomie, trop vite oubliée.

Serai-je plus heureux? Je vais le tenter. L'accueil que le public fera à cet ouvrage, ne saurait me laisser de doute à cet égard.

Je parlerai avec une entière franchise. Je dirai la vérité, car j'ai horreur des réticences, des phrases inutiles, des finasseries, ou des tournures de langage insignifiantes.

Je me propose de publier dans les lignes qui vont suivre, les documents précieux que je possède, qui marquent, pendant vingt ans, chaque étape de la vie de Gras.

— Si tous les écrivains en agissaient ainsi, on formerait d'importants recueils, utiles à consulter au point de vue de l'histoire particulière de nos provinces, qui reste encore bien peu connue.

Il est possible qu'il se soit glissé quelques inexactitudes historiques dans cette biographie, on me pardonnera, car je n'ai pas la prétention d'être un savant, et j'ai pour excuse d'avoir quitté Montbrison depuis de longues années.

Il m'arrivera aussi, à mon grand regret, de m'occuper plus que je ne le voudrais de mon modeste *Moi*; on comprendra, que j'ai été trop intimement mêlé à tous les faits que je raconte, pour qu'il me soit possible de m'effacer d'une façon complète.

Je blesserai à coup sûr quelques personnages encore vivants, dans leurs convictions religieuses ou politiques, leur amour-propre, leur vanité.... je le regrette, mais je me suis promis d'être franc.

Tout en réservant mon opinion personnelle, je tiens à déclarer que je ne suis ici, que l'écho posthume mais fidèle, des jugements et des appréciations que se plaisait à me communiquer mon excellent ami, avec lequel j'ai vécu de longues années côte à côte, sans que le moindre nuage soit venu assombrir notre inaltérable amitié.

Malgré cette franche déclaration, cet ouvrage, je le prévois, va soulever de nombreuses critiques.

J'ai l'espoir que s'il est violemment attaqué par les uns, il recevra l'approbation du plus grand nombre.

A l'heure qui sonne, on fait un livre avec des livres — c'est à coup sûr moins fatigant.

Celui-ci a été fait de vieux souvenirs, de documents inconnus ou inédits, et de notes intéressantes qui m'ont été laissés par P. Gras. Il est surtout écrit avec conviction et sincérité, ce qui est appréciable, dans le temps de mensonges où nous vivons. C'est à ce dernier titre qu'il me survivra. Ce livre est curieux, peu commun, en un mot tout moderne. Il restera, non pas seulement pour l'originalité de la forme, que j'aurais désirée plus parfaite, du fonds, que j'aurais voulu irréprochable, mais parce que c'est un recueil d'histoire locale, où l'on viendra plus tard puiser des renseignements précis, des appréciations exactes, sur les événements d'une autre époque et des hommes jadis en vue, que le temps permettra de juger à leur juste valeur, sans aucune rancune ni parti pris.

Malgré ses imperfections, cet ouvrage appartient désormais à la Bibliographie Forézienne, il va précéder des études plus importantes que je me propose de faire paraître, si Dieu m'en laisse le temps, sur le FOREZ et sur le LIMOUSIN mon pays.

Et maintenant comme l'on disait autrefois :

Tute, Lector benebole, judica
fruere et bale

L'AUTEUR.

PARIS
Des hauteurs de Montmartre,
ce 1er Septembre 1888.

NOMS DES SOUSCRIPTEURS

A CET OUVRAGE

Nous remercions sincèrement toutes les personnes qui ont bien voulu, par leur souscription, aider à la publication de cette Biographie forézienne.

Nous adressons les mêmes remerciements à celles qui, pour des motifs qu'il ne nous appartient pas de rechercher, désirent garder l'anonyme.

A. D.

MM.

Albon (marquis d'), à Paris.
Arbel, sénateur de la Loire, à Paris.
Audiffred, député de la Loire, à Paris.
Avril (Alfred), vice-président du Tribunal civil de Lyon.
Barban (André), à Roanne (Loire).

Barret, juge de paix au Chambon-Feugerolles (Loire).
Belbeuf (marquis de), à Paris.
Bernoux et Cumin, libraires à Lyon.
Berthelier (Philibert), artiste dramatique, Paris.
Biscornet (Adrien), pharmacien au Monastier (Haute-Loire).
Bonnassieux (de l'Institut), statuaire, Paris.
Bouchetal-Laroche, juge à Saint-Etienne (Loire).
Boudot (Ferdinand), notaire à Lyon (Rhône).
Brassart (Eleuthère), à l'Hôpital-sur-Rochefort (Loire).
Brossard, sénateur de la Loire, Paris.
Brun frères, libraires, Roanne (Loire).
Buhet, négociant à Saint-Etienne (Loire).
Chabert (baron de), à Boën-sur-Lignon (Loire).
Chapoton (Grégoire), artiste-peintre à Paris.
Charpin-Feugerolles (comte de), au Chambon (Loire).
Chassain de la Plasse, avocat à Roanne (Loire).
Chateauneuf (André), à Saint-Etienne (Loire).
Chaumer (A), à Lyon (Rhône).
Chavassieu, à Paris.
Chevalier, libraire à Saint-Etienne (Loire).
Chialvo, notaire à Montbrison (Loire).
Chomer (Alexandre), à Lyon (Rhône).
Chossonnery, libraire à Paris.
Condamin (l'Abbé), professeur à la Faculté catholique de Lyon.
Coppée (François), de l'Académie Française, Paris.
Coste (Th.), à Roanne.
Davaize (Amédée), à Lyon (Rhône).
David (J.-B.), à Terrenoire (Loire).
David (A.), négociant à Saint-Etienne (Loire).
Déchelette (Joseph), à Roanne (Loire).
Delorme (Sixte), homme de lettres, à Clamart (Seine).
Dizain et Richard, libraires à Lyon (Rhône).
Donot (Prosper), D^r du journal *Lyon illustré*, à Lyon (Rhône).
Drivière (E.), à Paris.
Dubochet (Léon), à Paris.

Durand (Vincent), secrétaire de *la Diana*, à Allieu (Loire).

Ebrard (G.), libraire à Lyon (Rhône).

Epitalon (Jean-Marie), à Saint-Etienne (Loire).

Faure (librairie Lafont), Montbrison (Loire).

Fossez (Louis), à Roanne (Loire).

Gaytte (Alexandre), Boën-sur-Lignon (Loire).

Generx (P.), à Saint-Etienne (Loire).

Geoffray (Stephane), à Paris.

Georg, libraire à Lyon (Rhône).

Giron (Marcellin), à Saint-Etienne (Loire).

Goninpard (Mgr Natalis), archevêque de Sébaste, coadjuteur
  du diocèse de Rennes (Ille-et-Vilaine).

Guillemot (A.), archiviste à Thiers (Puy-de-Dôme).

Imbert, député de la Loire, à Paris.

Jacquet (Camille), avoué à Montbrison (Loire).

Jacquier (Antoine), à Paris.

Jerphanion (de), à Lyon (Rhône).

Joly, libraire à Paris.

Langlois, curé de Saint-Bonnet-le-Château (Loire).

Lapoire (Rémy), à Roanne (Loire).

Lapoire (A.), à Paris.

Laur, député de la Loire, à Paris.

Laprade (Mme Victor de), à Lyon.

Laurent (abbé), à Bellegarde (Loire).

Lechevalier, libraire à Paris.

Le Conte (Jules), château de la Curée, par Lapacaudière (Loire).

Lefebvre (Gustave), bibliothécaire à Saint-Chamond (Loire).

Levet (Georges), député de la Loire, à Paris.

Love (docteur James), à Paris.

Lyon (anonymes à), Rhône.

Magnier, directeur du journal l'*Evénement*, Paris.

Majola, peintre à Saint-Etienne (Loire).

Marnat, curé à Allieu (Loire).

Masse (Mlle Célestine), à Paris.

Testenoire-Lafayette, ancien notaire à Saint-Etienne (Loire).

Tézenas du Montcel, à Saint-Etienne (Loire),

Thiollier (Félix), château de Verrières, près Saint-Germain-Laval (Loire).

Tinant (Louis), sculpteur à Paris.

Tiverval (Litez de) à Bordeaux (Gironde).

Vachez (Antoine), avocat à la cour d'appel de Lyon (Rhône).

Verchère (Gabriel), à Saint-Germain-Lespinasse (Loire).

Vergeat (P.), à Roanne (Loire).

Véricel (Gustave), à Lyon.

Villechaize (comte de), à Marseille.

Villefosse (Héron de), à Paris.

Viry (docteur Octave de), à Noirétable (Loire).

Wolf (Louis), à La Fouillouse (Loire).

L. PIERRE GRAS

Cliché de S. Geoffray.

CHAPITRE PREMIER

JEUNES ANNÉES

Pierre-Marie-Louis-Robert Gras est né à Saint-Étienne (Loire), le 15 décembre 1833.

Voici son acte de naissance, tel qu'il existe sur les registres de l'Etat civil de cette ville.

L'an mil huit cent trente-trois, le seize décembre à dix heures du matin,

Par devant nous, adjoint et officier de l'Etat civil de la ville de Saint-Etienne (Loire),

Est comparu Pierre Gras, âgé de trente ans, limonadier, place de l'Hôtel-de-Ville, lequel nous a présenté un enfant mâle, né hier à neuf heures du soir, de lui déclarant et de Marie-Eléonore Gaingard, sa femme, auquel il a donné les prénoms de Pierre-Marie-Louis-Robert. Le tout fait et lu en présence d'Antoine-Marie Augier, âgé de trente-quatre ans, horloger, rue de Foy, et de Jérôme Bonnet, âgé de quarante-deux ans, commis rue de la Paix, soussignés avec nous et le père :

Signé : Gras, Augier, J. Bonnet et Colard, adjoint.

Pour extrait certifié conforme au registre

Saint-Etienne en Mairie, le 8 décembre 1886.

Signé : J. LEMAIRE
Adjoint.

J'ignore si Mélusine, femme moitié-serpent, épouse de Raymondin de Forez, seigneur de Marcilly (1), se pencha sur le berceau de cet enfant, qui devait être un jour, une des modestes illustrations de ce pays.

— J'aime mieux croire qu'il fut oublié par la fée célèbre des croyances populaires, qu'elle ne le toucha pas au front de sa baguette magique, et qu'il n'y eut ce jour d'hiver à Saint-Etienne, aucune sarabande de gnomes ou de farfadets. Sa naissance ne fut signalée par aucun fait extraordinaire, propre à fixer

---

(1) *Mélusine*, par Couldrette, in-4° manuscrit en vers, n° 1483, Bibliothèque Nationale. — *Mélusine*, par Jean d'Arras, manuscrit en prose.

les siens sur sa future destinée. Le Ciel resta serein, et les eaux du Furens n'en devinrent pas plus limpides.

— Ce petit *Gaga* venait au monde, sans bruit, sans réclame, sans annoncer sur papier de Hollande, comme on le fait de nos jours, son entrée dans la circulation humaine. — Il n'était point né dans des langes de fine toile, marqués au coin d'une couronne nobiliaire. C'était un pauvre, un très humble, un oublié de la fortune, venu après avoir été longtemps désiré, dans l'arrière-boutique d'un marchand de vins, intelligent mais besoigneux.

Comme nous tous, il descendait en ligne directe de cette grande famille, dont les premiers auteurs, on ne sait sous quelle inspiration, mordirent à belles dents au fruit défendu ; — à notre détriment sans doute, — car depuis cette époque fatale qui se perd dans la nuit des âges, notre pauvre humanité n'a cessé de souffrir de ce regrettable incident. Souffrances de toutes sortes, réparties à des degrés divers, mais le plus souvent de façon inégale, entre les habitants de cette misérable planète, qui gravite autour de milliers de mondes, peut-être aussi mal partagés.

D'origine roturière, P. Gras a mieux valu, pendant le temps qu'il a passé en ce monde, que bien des gens qui ont eu l'heureux privilège d'hériter d'un grand nom. Aussi, doit-on lui pardonner d'avoir souvent porté envie aux privilégiés qui ont le rare bonheur d'avoir un père né avant eux, pour leur gagner et transmettre une fortune, qu'ils seraient incapables d'acquérir.

Et l'on se demande, pourquoi il n'eût jamais la curiosité de chercher pour lui, ce qu'il recherchait volontiers pour les autres. Il lui aurait été cependant facile de se fabriquer une généalogie de contrebande. Il se contenta, comme je le dirai plus loin, par un caprice d'enfant, de s'attribuer des armoiries fantaisistes et une devise quelque peu prétentieuse.

N'était-ce simplement qu'une leçon qu'il tenait à donnner à ses contemporains? J'incline à le croire. Ce qu'il y a de certain, c'est que le nom de Gras appartient au Lyonnais.

Gras (Henri), médecin français agrégé au collège de Lyon, né à Lausanne vers la fin du XVIe siècle, de parents originaires de cette ville, mourait en Suisse, le 22 mai 1665, laissant une très grande réputation comme savant et comme bibliophile. Le père Jacob, dans son *Traité des belles bibliothèques*, nous affirme qu'en 1644, il possédait 1,200 volumes in-folio, et 4,000 ouvrages de moindre format.

C'est à son sujet que Guy-Patin, par jalousie sans doute, écrivait le 2 juin 1665, à Falconet, médecin à Lyon :

« Enfin, vous avez perdu M. Gras ; il était temps
« qu'il mourut. Il était trop bourru, et sa mauvaise
« humeur ne lui a pas peu aidé à quitter ce monde.
« Il avait pourtant du mérite, mais il eut bien mieux
« fait de vivre comme les autres hommes. ».

Gras (Joseph) était né à Lyon en 1752, où il exerçait la profession d'avocat. En 1815, il était nommé membre de la Chambre des représentants ; en 1818, il obtenait dans la magistrature le titre de conseiller à la Cour royale de cette ville. Agriculteur distingué, il a laissé quelques brochures intéressantes, sur les *Irrigations*, *la Pépinière départementale du Rhône*, *les Inconvénients des droits d'usage dans les forêts*. Il mourut le 20 juillet 1837.

On rencontre enfin un troisième Gras, ayant titre de secrétaire, dans le procès-verbal du 30 août 1790 contenant l'inventaire légal du mobilier du grand couvent des Ursulines de Montbrison, qui devait être supprimé ainsi que tous les autres établissements monastiques, par décrets de l'Assemblée nationale des 8 et 23 octobre 1790.

On voit qu'il eut été bien facile, sur de pareilles données, d'établir une filiation qui, si elle n'était pas exacte, aurait eu du moins toutes les apparences de la vérité.

Peut-être en bien cherchant dans les papiers et les nombreuses notes laissés par Gras, a-t-on retrouvé, ou retrouverait-on, quelques renseignements importants sur l'origine d'une famille dont le nom est éteint aujourd'hui, et sur les principaux de ses membres.

Et pour corroborer ce que je viens de dire plus haut, j'emprunte au discours que M. de Persigny prononçait à l'inauguration de la Société de la Diana, le 29 août 1862, le passage qui suit :

« Si chacun pouvait connaître sa généalogie vraie,

« combien d'idées en ce monde seraient modifiées !
« Le noble sachant qu'il a des parents jusque dans
« les réduits de la misère, tendrait la main à ses
« frères avec une charité plus sympathique. Le
« peuple, de son côté, voyant les représentants de
« son sang et de sa race dans les plus hautes situations
« de la Société, supporterait son sort avec plus de
« résignation et passerait avec moins d'envie, devant
« les détenteurs actuels de la richesse.»

Je me suis souvent demandé, quel effet ces paroles
aussi éloquentes que vraies, avaient dû produire sur
ceux qui se croient les légitimes représentants de la
noblesse de France.

L'enfant s'occupait peu de son origine. Que lui
importait dans son inconscience, que quelque
fée l'eût frappé de sa baguette bienfaisante, ou regardé de son mauvais œil ! A son entrée dans la
vie, suivant le sort commun, il luttait avec les maladies du bas âge, mettait péniblement ses dents,
toussait, criait, et éprouvait ces mille vicissitudes
de l'enfance, qui furent loin d'égaler celles de sa
jeunesse.

Laissons-le se développer, se fortifier, grandir
sous l'œil vigilant et affectueux d'une mère, sous la
sage et intelligente direction de son père, dont il sera
sans doute intéressant, d'esquisser en traits rapides,
la physionomie peu connue.

M. Pierre Gras était limonadier sur la place
de l'Hôtel-de-Ville à Saint-Étienne. Quelques années

avant la naissance de son fils, il exerçait à Montbrison les fonctions de greffier de la Justice de paix.

Quels emplois avait-il d'abord occupés? Comment avait-il acquis cette dernière charge? Je ne saurais le dire. Il ne m'appartient pas davantage, de rechercher les motifs pour lesquels il dut la résilier. Je me borne à constater que dans le courant de l'année 1833, il n'était plus pour tous ceux qui l'avaient connu, qu'un vulgaire *Mastroquet*.

Il avait à élever une nombreuse maisonnée. Dieu, dit-on, bénit les grandes familles. Pour lui, ces paroles ne furent jamais vraies. Ce n'est qu'à grand' peine qu'il parvenait à suffire aux besoins d'un modeste ménage, et à solder assez irrégulièrement les mois de nourrice.

Et cependant, il y a cinquante ans, il était moins difficile qu'il ne l'est aujourd'hui de se créer une situation, ou de lutter avec succès contre les exigences multiples de la vie. — Ce travailleur infatigable resta un dévoyé, un rêveur incompris. Il avait eu le grand tort de naître deux siècles trop tard, à une époque de positivisme et d'égoïsme, où les qualités intellectuelles demeurent, sans argent, un meuble bien inutile.

Si je m'attarde quelque peu, ce dont on ne saurait se plaindre, sur cette personnalité généralement mal jugée, c'est que je tiens à faire ressortir, quelle influence l'esprit du père dut avoir sur celui de l'enfant, à l'âge où les impressions sont toujours vives et persistantes.

On retrouvera en effet plus tard, dans son jeune fils, des tendances d'imagination identiques, les mêmes illusions, cette enveloppe de bohème, qui est la caractéristique des hommes de valeur.

Ce cafetier était poète, comme Reboul, le boulanger du Midi, qui, sous les effluves embaumées du soleil de la Provence, récitait des strophes charmantes en pétrissant le pain qu'il servait à ses clients.

Sous un ciel différent, tout en donnant à boire à sa pratique, il avait de ces inspirations superbes, de ces élans qui devaient l'emporter vers des régions éthérées, et lui faire oublier un instant, à quel triste métier il faut parfois descendre, pour ne pas mourir de faim.

M. Gras a fait une traduction en vers des *Psaumes de David*, qui est estimée.

Cette œuvre fut magnifiquement illustrée, pour l'époque, par l'éditeur Labaume.

Sous quelle inspiration mystique avait-il donc entrepris ce travail? Pourquoi avoir choisi un sujet religieux, alors qu'il eut pu aborder avec beaucoup plus de succès des sujets profanes?

On trouve dans la préface de ce livre, réponse à cette réflexion, que bien des lecteurs pourront se faire (1) :

« L'auteur de cette traduction des psaumes en vers
« français, a comme tant d'autres, en ce temps où les

(1 *Psaumes de David.* — Grand in-4°, — Labaume, Lyon, 1846.

« maladies morales sont plus qu'une mode, éprouvé
« ces instants de découragement.

« Il s'est ressouvenu de lui-même, d'un passé riant
« et gracieux, et dans les lectures pieuses qu'il aimait
« autrefois, il a cherché des consolations qu'il ne
« trouvait pas ailleurs.

« Fera-t-on bon accueil à son livre dans ce siècle
« de préoccupations diverses et d'indifférence ? il
« n'ose l'espérer. »

Et il eut raison, le poète sceptique.

Cet ouvrage parut en 1846; il n'eut qu'un succès
relatif, tout au plus un succès d'estime.

S'il avait compté sur le profit qu'il était en droit
d'en attendre pour nourrir sa famille, il fut cruellement déçu.

L'auteur avait adressé à la Reine des Français,
connue par sa grande piété, un exemplaire des
Psaumes richement relié en velours blanc. Un simple remerciement, un souvenir sans valeur, un
encouragement platonique de la Souveraine lui
eussent été assurément plus précieux que le mandat
de *Cent francs*, qu'il trouva renfermé dans une lettre,
dont je me fais un malin plaisir de reproduire le
texte complet.

« Monsieur,

« La Reine a reçu l'exemplaire que vous lui avez
« adressé de votre traduction en vers des *Psaumes de*
« *David*.

« S. M. me charge d'avoir l'honneur de vous re-
« mercier de l'envoi de cet ouvrage qu'elle lira avec
« intérêt, et de vous faire parvenir à cette occasion
« une gratification de cent francs.

« Veuillez, je vous prie, m'accuser réception du
« mandat que vous trouverez ci-inclus sur le Receveur
« général des finances, et agréez, Monsieur, mes sa-
« lutations distinguées.

« *Le Secrétaire des Commandements de la Reine,*

« BOREL DE BRETIZEL. »

Les d'Orléans n'ont jamais été généreux. A quelques
années de là, après la chute de Louis-Philippe, notre
poète se vengea de cette ladrerie, avec infiniment
d'à-propos, dans une de ses chansons.

Pour la traduction des cent cinquante psaumes du
Roi-Prophète, l'auteur a parfois négligé la forme. Ce
qu'il a tenté et obtenu, c'est de rendre d'une façon
claire et saisissante la pensée de ces cantiques, qui
ont dû perdre leur magnificence primitive, par suite
des transformations du texte, de l'hébreu en grec, et
du grec en latin.

On s'accorde à trouver dans cette œuvre de sérieuses
qualités. Deux psaumes sont souvent cités comme un
modèle de clarté et de style poétique. C'est le psaume
2, *Quare fremuerunt gentes,* et le psaume 136, *Super
flumina Babylonis,* sur lequel se sont exercé
presque tous les traducteurs.

Voici la traduction de M. Gras :

Sur la rive étrangère, au sein de Babylone,
Nous nous sommes assis, le cœur triste et navré,
En pensant à Sion, que la gloire abandonne
        Et nous avons pleuré !

Aux saules de ces bords nos lyres suspendues
Ne font plus résonner les beaux airs d'autrefois ;
Leurs cordes constamment demeurent détendues ;
        Ses échos sont sans voix !

Ceux qui d'un joug infâme, ont écrasé nos têtes,
Et qui nous ont plongé dans la captivité,
Osent nous rappeler nos cantiques, nos fêtes,
        Notre ancienne gaîté !

Chantez-nous, disent-ils, de ces hymnes antiques
Que Sion dans ses nuits aimait à prolonger ;
Ah ! pouvons-nous chanter les célestes cantiques
        Sur un sol étranger ?

Belle Jérusalem, ô chère et sainte ville !
Si je dois oublier vos tristes monuments,
Que ma droite s'oublie et devienne inutile
        Dans tous ses mouvements.

Ah ! si jamais ailleurs que dans votre pensée,
Belle Jérusalem ! un jour je me complais,
Que ma langue s'attache, immobile et glacée
        A mon brûlant palais !

Des fiers enfants d'Edom, au jour de la vengeance
Souvenez-vous, Seigneur, songez à leurs discours
Ils ont dit : Que Sion, les siens et sa puissance,
        Périssent pour toujours !

> Fille de Babylone ! Heureux qui doit te rendre
> Le tribut des malheurs que tu nous a causés !
> Puisses-tu voir un jour tes murailles en cendre
> Et tes fils écrasés.

Il me semble que l'Inspiration mystique n'était point dans le tempérament de cet homme aimable qui, brisé par les luttes de la vie, avait goûté à toutes les amertumes, et connu toutes les désespérances.

— Cet esprit qui savait se perdre dans les sphères les plus élevées, tombait à d'autres heures, dans une prostration complète ; et se traînait terre à terre.

Ce fut, comme il l'avoue lui-même, dans un de ces instants de défaillance, de besoin de consolations, de manque d'encouragement, qu'il aborda l'étude de l'Ecriture Sainte, demandant à la religion, avec le repos de l'âme, l'oubli de ses embarras financiers.

Quel qu'en ait été le motif, je regarde cette œuvre du poète comme une faute.

Il avait dans l'imagination de puissantes ressources, une intuition rapide. Son instruction variée, les ressorts multiples de l'intelligence, une mémoire prodigieuse, sa conversation agréable lui auraient assuré des succès dans un choix mieux compris de ses études. Il resta en somme un déclassé qui ne rencontra jamais sa véritable voie, et qui, comme tant d'autres, gaspilla sa jeunesse, doutant toujours trop de lui-même, par un excès injustifiable de modestie.

Je préfère mille fois à ces prétentions de Lyrisme,

le charmant petit volume de chansons, où M. Gras
se révèle réellement ce qu'il est, satyrique et rabe-
laisien.

On verra plus loin que le fils sut très largement profiter des enseignements paternels. Dans les quelques
œuvres de genre léger, trop peu nombreuses à mon
sens, qu'il a produites, on reconnaîtra comme un
écho lointain, mais fidèle, des chants qu'il avait si
souvent entendu répéter en famille, pendant sa
jeunesse.

M. Gras avait, depuis de longues années déjà,
laissé son commerce de limonadier à Saint-Etienne,
où il n'avait pas rencontré la fortune. — Sa situation
liquidée, il était revenu à Lyon, où il habitait au n° 14
de la rue Malesherbes. Il fut quelque temps à la recherche d'une position, et entra enfin comme représ-
sentant dans une maison de vins de Bordeaux, qu'il
n'a plus quittée jusqu'à sa mort.

Dans ce nouvel état, il semble qu'il ait pris plus
gaiement la vie. Il n'a plus de défaillances morales,
il oublie même complètement les beautés du Nouveau
Testament. Ce n'est pas cette fois qu'il traduira le
Cantique des Cantiques, l'épithalame du roi Salomon,
ainsi qu'il l'avait médité.

Il s'est tout-à-coup transformé. Avec les ambas-
sadeurs de commerce, dans les tables d'hôte de province, on s'occupe peu de religion. A quarante ans, il
aime le rire, il est gai, et gouailleur. Les voyages fré-
quents, les usages de nouvelles contrées, ses rapports
avec les clients, ont modifié son caractère. Il com-

pose, pour les amis d'hôtel, des chansons qu'il leur
dira au café, qu'il chantera sur l'impériale des
diligences, et qui lui feront une réputation de joyeux
viveur.

Un jour, il lui prit fantaisie de réunir en un petit
volume ces boutades poétiques, et il l'adressa à Béranger, qui l'en remercia par la lettre suivante :

« Certes, monsieur, il faudrait que je fusse bien
« difficile pour ne pas trouver le mets de mon goût.
« Outre le talent que vous y avez mis, vous l'avez
« assaisonné d'une épice qui ne manque jamais son
« effet sur le palais d'un faiseur de vers : La louange
« y foisonne.

« Ne croyez pourtant pas, je vous prie, monsieur,
« que ce soit à ce puissant ingrédient qu'est dû tout
« le plaisir que m'ont fait vos chansons aussi remar-
« quables par l'esprit que par la facilité, et dont le
« style n'est pas d'un apprenti.

« J'ai été garçon d'auberge, et si j'avais su faire les
« sauces aussi bien que vous tournez les couplets
« ma bonne tante ne m'eut jamais grondé si souvent ;
« mais, hélas ! je n'ai jamais su faire cuire des œufs
« à la coque. Aussi, la pauvre et digne femme, qui vit
« encore, grâce au ciel, dit quelquefois que je n'étais
« bon à rien qu'à faire un homme de lettres. Vous
« êtes plus heureux, monsieur, vous avez su concilier
« un état utile et un délassement agréable. Je vous
« en félicite , car il paraît que vous avez de plus que
« moi encore la satisfaction de lire Horace en latin.

« Avec tout cela, et un peu de cette philosophie qui
« entretient la gaîté, je ne doute pas que vos spiri-
« tuelles chansons ne finissent par donner la vogue
« à votre maison, si déjà cette vogue ne vous est
« acquise.

« Recevez, monsieur, avec mes bien sincères remer-
« ciements, l'assurance de mes sentiments distin-
« gués.

« 29 décembre.   « BÉRANGER. »

En souvenir de la bienveillante lettre du chantre
populaire, l'auteur composa les couplets suivants (1) :

MON CODICILLE

A propos d'une lettre de M. Béranger.

A MON FILS

En déchirant cette simple enveloppe,
Si de plaisir tu sens battre ton cœur,
Pour toi, mon fils, c'est un bon horoscope,
Il te présage avenir et bonheur.
Elle contient une lettre bien chère.
Oui, Béranger autrefois me parla
Pour le repos de l'ombre de ton père
Et pour les tiens, mon fils, respecte-la.

(1) *Les chansons de Pierre Gras*, petit in-18. Paris. Librairie poétique, 1849.
Lucas et Lise ou le Bonheur du Mariage, vol. in-32, Poème. — Montbrison, 1830.

Grand de génie et grand d'indépendance
La soif de l'or n'altéra pas son goût !
Devant les cours, pendant qu'on les encense,
Son ange et lui sont demeurés debout.
Il consola les haillons, la misère
Et mit à nu le cœur de Loyola
Pour le repos de l'âme de ton père,
Et pour les tiens, mon fils, respecte-la.

Il célébra la couche de Lisette
Et son fichu par un autre acheté,
De nos guerriers il couronna la tête :
Il redressa l'arbre de la Liberté.
Il fut du peuple un ami bien sincère ;
Pour lui gaiement à la Force il alla.
Pour le repos de l'ombre de ton père
Et pour les tiens, mon fils, respecte-la.

Et là, malgré les verroux et la gêne,
Il souriait, chantant à pleine voix,
Tout en raillant le geôlier et sa chaîne,
Son seul sourire inquiétait les Rois.
Dans les cachots, méprisant leur colère,
La Liberté près de lui s'attabla :
Pour le repos de l'ombre de ton père
Et pour les tiens, mon fils respecte-la.

De Béranger, aux cieux l'étoile brille
Regarde en haut ; son astre est radieux.
Fais de sa lettre un titre de famille,
N'est pas qui veut le protégé des Dieux.
De fils en fils, dans ma race dernière,
Qu'on puisse dire aux amis : la voilà !
Pour le repos de l'ombre de ton père
Et pour les tiens, mon fils, respecte-la.

MM. GRAS, PÈRE ET FILS

(Cliché de JAMES DULAC.)

Ces vers, dont l'idée est excellente, sont loin
d'être parfaits dans la forme. Ils accusent même
une certaine faiblesse que l'on ne constate point dans
d'autres productions. C'est le cri d'un cœur reconnaissant, l'expression de gratitude spontanée du poète
qui attachait plus de prix à ces quelques lignes de
Béranger, qu'à un souvenir de grande valeur.

Je préfère de beaucoup les strophes suivantes,
innocente vengeance de M. Gras, qui s'était senti
humilié des cent francs que la Reine Amélie lui
avait fait parvenir, à l'occasion de l'envoi de sa traduction des *Psaumes de David*, dont la reliure
dépassait le chiffre de l'aumône qu'il recevait d'une
main royale.

MA QUITTANCE

A la Reine des Français

Air : *Non, je ne veux plus Nina.*

Doit la reine des Français
A Pierre Gras le poète,
Sans escompte ni procès
La cote ci-dessous faite
Pour huit mille sept cents vers.
Réunis en un seul livre
Et de velours recouverts,
Vingt-quatre fois une livre.

Ma dédicace à la main
Bien artistement écrite,
Sur du papier parchemin
A bien son petit mérite.
A deux cents sous cotons-la !
Nos députés patriotes
Font payer plus que cela
Les Non ou les Oui de leurs votes

Mais revenons au velours
Que le fabricant augmente,
Depuis que l'on rend si lourds
Les impôts et la patente.
Notons quinze francs au moins,
Pour cette royale étoffe,
Choisie avec tant de soin
Par mon bon ami Cristophe.

Pour le travail du plieur,
Pour la dorure et la moire ;
Pour le talent du relieur ;
Closs, est si jaloux de gloire !
Pour bien d'autres frais encor
Non compris un franc d'étrenne,
En tout deux Philippe d'or
Avec onze francs, ma Reine.

D'après mes livres courants,
Et sauf une erreur de compte
C'est bien tout juste à cent francs
Que l'addition se monte ;
Laquelle un bon receveur
M'a soldé en numéraire,
Dont quittance à Monseigneur,
De Brétizel, secrétaire.

Ce petit recueil mérite d'être lu en entier, on y trouvera des vers charmants adressés à M. Alex. de Saint-Juan, *la Politesse*, des chansons à *Zoé*, à Mlle *Marie Br.* et à Mme veuve L.

L'auteur a donné à quelques-unes de ces pièces un caractère politique très accentué, comme l'on peut s'en convaincre en lisant l'*Hymne national* à Lamartine, un *Chapon chez les ministres*, à propos de la suppression du coq dans l'armée, enfin le *Départ de la Belle-Poule* pour Saint-Hélène, et le *Retour*. A quel parti politique appartenait M. Gras? il est difficile de le préciser. Il dut toutefois, en 1830 comme en février 1848, se sentir plus que personne, ému par le soufle de la liberté. Je m'étonne, dès lors, qu'il n'ait jamais songé à venir à Paris, ce refuge de tous ceux qui ont *quelque chose au ventre*, pour se mêler carrémeut aux luttes ardentes de l'époque.

Mais cela eut été difficile. Il avait une nombreuse famille, ses devoirs de père lui interdisaient de rêver; il devait, travailleur obscur, rester attaché au sol où la destinée l'avait planté, et refouler au dedans les rêves d'ambition et de fortune, qui parfois avaient dû hanter son esprit.

Je crois, que sous l'apparence d'un libéralisme modéré qui est le propre des caractères de quelque valeur, il resta toute sa vie, sincèrement attaché à la dynastie Napoléonienne, dont le fondateur avait, en peu d'années, rendu la France puissante, prospère et redoutée des nations.

Quand je vis M. Gras pour la première fois, c'était

à Montbrison. Il paraissait âgé de cinquante-deux
ans environ. De taille moyenne, il avait un air de
distinction qui me frappa ; sous ce visage mat, surmonté d'une abondante chevelure semée de nombreux
fils d'argent et encadré de favoris très blancs, pétil-
laient deux yeux d'un rare éclat.

La parole était brève, la voix douce, insinuante, la
mise toujours très soignée. On aurait pris volontiers ce modeste et affable commis-voyageur en
vins, pour un Procureur impérial, ou un fonctionnaire
occupant dans l'enseignement public, un emploi
supérieur.

Depuis, je le perdis de vue, je ne le rencontrai plus
qu'à de rares intervalles, pendant les vacances, où il
venait se reposer quelques jours chez ses belles-sœurs
les dames Gaingard, qui tenaient un hôtel à Montbrison.

J'ai appris qu'il n'avait jamais cessé de travailler
jusqu'à sa mort, mais que depuis de longues années,
il avait totalement abandonné les travaux littéraires,
pour se consacrer tout entier à son commerce.

Ce fut dans ce milieu, que s'écoulèrent les jeunes
années de Pierre Gras. Il était adoré de son père qui
s'imposait pour lui tous les sacrifices compatibles
avec sa situation peu enviable, et qui fut surtout le directeur expérimenté de sa première éducation. A Saint-
Etienne, il fréquentait l'école des Frères, où il apprit
rapidement à lire, à écrire et à compter. Déjà sérieux
à l'âge où d'autres sont étourdis et turbulents, il
montrait un désir de s'instruire vraiment surprenant.

Après la classe, il dédaignait les jeux pour des lectures instructives; il était froid, réservé, peu bruyant. mais curieux à l'excès, ne laissant passer aucun fait sans en demander l'explication.

Ce n'était point un Pic de la Mirandole, même en miniature, mais un esprit supérieurement doué, qui, dans une autre sphère, aurait pu prétendre à de brillantes destinées.

M. Gras, dont les voyages absorbaient presque tout le temps, songea alors à placer son fils au petit Séminaire de la ville de Montbrison.

Il était bien noté dans la sacristie. et il ne lui fut pas difficile de faire admettre avec une grande réduction des frais de pension, le jeune écolier.

Le clergé du reste, recherche toujours avec empressement, au prix même de ses intérêts, les sujets qui lui paraissent devoir réhausser son prestige, et établir par leurs succès, la solidité de son enseignement.

L. Pierre Gras était dans ces conditions. Il entrait au Séminaire, à peine âgé de douze ans.

CHAPITRE II

AU SÉMINAIRE

Le petit séminaire, seul établissement d'instruction secondaire que possède la ville de Montbrison, occupe l'emplacement du grand couvent des Ursulines, qui avaient adopté la règle de Saint-Augustin.

Le premier couvent fut établi à Avignon en 1594. Louis XIII par lettres patentes accordées sur la recommandation de Marie de Médicis, autorisait semblable création à Paris. Une bulle de 1619 approuvait l'établissement des Ursulines à Lyon et d'autres maisons de cet ordre à Saint-Chamond, Montbrison, Roanne et Saint-Bonnet-le-Château, qui eut pour première supérieure en 1625, Mᵐᵉ Françoise de Bermond.

Ce fut sur la demande des habitants, approuvée par l'archevêque de Lyon, le 24 mai 1628 que fut fondé le couvent de Montbrison par demoiselle Chapuis fille de noble Vital Chapuis de Villette, conseiller au bailliage de Forez, et de dame Anne de la Veülhe (1).

La directrice fut Mme Jeanne Relogue (*sœur de la Croix*) fille de Jean, capitaine-chatelain de Saint-Rambert. Il fut provisoirement installé dans une maison située sur le versant sud de la butte du Calvaire. Dès 1630, la communauté faisait construire l'église, le cloître et ses dépendances. Il ne faut point confondre ce couvent, de beaucoup le plus important, avec celui qui fut édifié, en plein XVIIe siècle, dans le faubourg de la Croix et dont la première pierre fut posée par Emmanuel de Lascaris d'Urfé (2). Ce dernier ne dura du reste qu'un siècle. Le parc de M. d'Allard, aujourd'hui jardin public, était à cette époque compris dans le vaste enclos qui en faisait partie. En 1751, le petit couvent fut supprimé par le cardinal de Tencin, archevêque de Lyon, qui ordonna la vente des bâtiments et la réunion de ses biens au grand couvent. L'hospice de la charité occupe actuellement ce qui reste de ces anciennes constructions.

La tourmente révolutionnaire balaya comme le vent fait des feuilles sèches, monastères, couvents,

---

(1) *Histoire des Couvents de Montbrison, avant 1793*, par Auguste Broutin; 2 vol. in-8°. — Saint-Étienne, 1874.

(2) *Revue Forézienne, 1870*, p. 82. (Pierre Gras.)

abbayes, ordres religieux de toutes espèces, et con-
fisqua au profit de la nation, les biens de ces nombreuses communautés.

Mme Fialin (Louise-Marie) avait peu de temps
avant, succédé comme prieure à Mme Pommerol. Elle
était fille d'Antoine Fialin notaire à Crémeaux et de
Barbe Chabannes. C'était l'arrière-grand'tante du duc
Fialin de Persigny dont il sera question plus loin.
Avec une énergie qui étonne chez une femme, elle osa
protester contre les dispositions du décret du 28 octobre 1790, et écrivit un remarquable mémoire qui resta
sans effet. Les bâtiments du grand couvent des Ursulines, les jardins, enclos, terrasse, furent employés
après 1793 à différents services publics. En l'an XI,
ils étaient occupés par la caserne de gendarmerie.

C'est à M. Lachèze maire de Montbrison, que
revient l'honneur d'avoir le premier songé à y établir une école d'enseignement secondaire, qui fut
dirigée au début par MM. Faure, Quéral et Dulac.
Un décret du 15 juin 1807, concéda l'ancienne propriété des Ursulines à la ville. La nouvelle école y
fut maintenue, changea plusieurs fois de direction,
puis resta fermée pendant quatre ans. En 1821, sous
M. Sabatier, on y comptait quinze élèves. Enfin,
en 1824, on y installa un petit séminaire dirigé
par des prêtres du diocèse de Lyon, qui eut pour
premier supérieur M. l'abbé Mauverney, et successivement MM. Pagnon, Vettard, Richoud, et
Genin.

Bien des améliorations y ont été faites, depuis

cette époque. On était obligé, en 1852, de construire un vaste bâtiment, destiné à de nouveaux dortoirs et à des chambres de professeur.

Enfin, la ville et l'archevêché de Lyon ont alloué une somme de soixante mille francs, qui ont été employés à agrandir les locaux devenus par trop insuffisants. Ces travaux furent terminés complétement en 1868.

Soixante ans environ, après la suppression du couvent, on pouvait encore se rendre un compte exact, de son importance, car les appropriations rendues nécessaires pour les services administratifs qu'il avait reçus, n'en avaient changé ni l'architecture, ni l'aspect général.

Dans la chapelle, où fut enterrée en 1631, Marie Chapuis, le lambris à compartiments boisés, avait été remplacé par un plafond plat, et l'ensemble du chœur restauré avec un certain luxe de couleurs, une profusion inouïe de rosaces et d'arabesques, *par des décorateurs italiens* assez habiles.

La porte d'entrée, précédée d'une petite cour, d'un aspect sévère, était du plus pur style du XVII⁰ siècle, au fronton étaient sculptées les armoiries de la famille de la fondatrice : *D'azur à la fasce d'or, accompagnée de trois roses de même* (1). On trouvait à gauche en entrant, le parloir, la loge du portier, (on ne disait pas alors concierge), la questure ou Durand (*Jacance*) trôna de longues années, la chapelle, à droite des

(1) Armorial de P. Gras, in-8° jésus, Saint-Étienne, 1874.

classes, les cuisines, le réfectoire et les deux salles
d'études au-dessous des dortoirs. Au milieu s'ouvrait
une cour carrée, entourée du vieux cloître qui, pendant le mauvais temps servait de lieu de récréation
aux élèves.

Cet ancien cloître était formé à l'est et au sud,
d'arcades à plein cintre, de mauvais goût, sup-
portées par des piliers carrés très bas et d'un médiocre effet.

L'architecture de la partie occidentale avait été
mieux comprise : les cintres, plus élevés et moins
lourds, s'appuyaient également sur des piliers
carrés soutenant un long corridor au premier étage,
sur lequel s'ouvraient l'appartement du supérieur,
la bibliothèque, l'infirmerie, des chambres de professeurs, et la porte qui conduisait à la tribune de la
chapelle. Tous ces bâtiments n'appartiennent pas à la
même époque.

Ceux qui forment la façade principale sur la
rue appelée alors Arche-Prouéron, couverts en tuiles
et surmontés de mansardes, furent reconstruits en
1735, à la suite d'un violent incendie.

Aprè avoir traversé cette première cour, on arrivait
à une vaste et longue terrasse, à l'extrémité de
laquelle un bouquet de quelques gros acacias, ombra-
geait une petite chapelle de la Vierge, en forme de
rotonde, assise sur une des tours du vieux mur
d'enceinte de la ville, qui se prolongeait jusqu'à la
prison, non loin de la porte de la Madeleine.

Une double rangée d'ormes était plantée sur cette

terrasse, mais ces arbres poussaient mal, et restaient rabougris dans ce terrain caillouteux, composé de débris de constructions et essentiellement sec.

Si l'on manquait d'ombrage, on y jouissait par contre d'un magnifique coup d'œil. Au premier plan, le boulevard avec ses vigoureux et verts platanes semblait servir de cadre à la vaste plaine qui allait rejoindre la Loire vers Andrézieux, Montrond et Feurs, en face, la partie basse de la ville, au milieu de laquelle se dressait majestueuse l'église de Notre-Dame-d'Espérance, le faubourg Saint-Jean, la vieille commanderie, plus à droite, les premières collines, qui, montant graduellement jusqu'à Ecotay-l'Olme, venaient se souder aux contreforts de cette longue chaîne de montagnes, qui s'élevaient à l'occident plus rapides et plus abruptes vers Saint-Bonnet-le-Courreau, Saint-Georges-en-Couzan, Sauvain, Chalmazelles et Pierre-sur-Haute.

Enfin tout dans le fond du tableau, l'antique village de Moind et les hauteurs de Verrières, Saint-Jean-Soleymieux, Saint-Bonnet-le-Château, fondues dans l'horizon.

A huit ou dix mètres en contre-bas se trouvait un jardin, ouvrant à proximité du boulevard, où les religieuses de Saint-Joseph, sous la direction de sœur Macaire, surveillaient la culture de magnifiques légumes et de fruits bénits, qui nous mettaient l'eau à la bouche.

Au pied de l'escalier conduisant à ce jardin, qui offrait à nos désirs les merveilles rêvées du Paradis terrestre, près d'un épais contrefort aux larges moellons, s'ouvrait la porte du théâtre; avec une scène suffisamment spacieuse, ses décors, sa rampe, les stalles d'orchestre, le parterre et les premières galeries. Le rideau représentait une vue du séminaire, brossée avec un certain respect de la perspective, par un sieur Lacroze, peintre décorateur à Montbrison.

Pendant l'année scolaire, à l'époque des principales fêtes de la maison, les élèves de Rhétorique y donnaient des représentations auxquelles les parents et le public étaient admis.

Vrai régal pour tous. La ville possédait bien un théâtricule, mais les cabotins y faisaient le plus souvent défaut.

L'art théâtral ne s'était pas encore modernisé. Il n'était point, comme aujourd'hui, un besoin impérieusement passé dans les mœurs.

Derrière la scène, on pénétrait dans les souterrains ou caveaux de l'ancien couvent, que nos jeunes imaginations se plaisaient à peupler de revenants, et dans lesquels chaque soir, sur le dernier coup de minuit, commençait la danse réjouissante des Nonettes.

A la fin de 1849, cet établissement était dans un état fort prospère, on y comptait près de deux cents élèves tous internes. Mon père, nouvellement nommé Directeur de l'École Normale d'instituteurs du département de la Loire, obtint que pour m'acclimater au nouveau régime, je rentrerais pendant quelque temps, tous les soirs, dans ma famille.

Le Petit Séminaire était dirigé par M. l'abbé Pagnon,

mort le 26 octobre 1886, vicaire général de Lyon,
emportant les regrets unanimes de tout le clergé de
ce diocèse. C'était un prêtre selon le cœur de Dieu,
tolérant pour autrui, inflexible pour lui-même. Doux.
bienveillant, d'humeur toujours égale, il était adoré
de ses élèves. Sévère à regret, quand il avait à punir
quelque faute grave contre la discipline, il était toujours heureux de pardonner une peccadille ; et savait
excuser les exubérances de la jeunesse. Il avait d'intelligents et dévoués collaborateurs, l'abbé Dubost,
professeur de rhétorique fort instruit mais poseur,
M. Caton qui remplissait les délicates fonctions de
Directeur et celle de professeur de seconde.

La classe de troisième avait pour titulaire l'abbé
Blanc, petit, brun, grincheux et sévère, qui possédait
dans l'art d'enseigner des aptitudes incontestables.
Messieurs Dupuy, Vernet *(kedal)*, Rochet, dirigeaient
les classes inférieures.

Les études étaient placées sous la surveillance d'un
jeune diacre nommé Brossette ; l'abbé Brunel était le
pion chargé des récréations. Il y avait en outre deux
professeurs civils qui complétaient le personnel,
M. Michel, qui depuis a été juge de paix à Boen-sur-
Lignon, enseignait la musique ; enfin, M. Populus,
était chargé des cours de dessin.

Encore un peu, et j'allais oublier une bien étrange
figure, qui laisserait incomplète la description rapide
que je viens de faire. Nous avions tous une peur
bleue du *zibou*, qui joignait à la charge de tirer le
cordon et de mander les enfants au parloir, le métier

de tailleur de soutanes et de raccommodeur de fonds

de culottes. Il s'appelait Brunel. Je ne saurais mieux
le dépeindre au physique, qu'en reproduisant un excel-

lent dessin de mon ami Biscornet, que l'on croirait
dû au crayon de Gavarni.

Brunel était en outre *Esculteur*. Dans ses loisirs, il
quittait l'aiguille, pour prendre le ciseau et le maillet.
Il avait une spécialité bien typique, celle des statues
d'évêques — prélats mitrés et sans mitre — crossés
et sans crosse — largement drapés dans leur chasuble,
ou revêtus d'un simple surplis, ayant invariablement
le bras étendu, le pouce de la main droite appuyé sur
l'annulaire, dans la posture d'un prince de l'Eglise
bénissant ses ouailles.

Le brave homme s'imaginait être un artiste
incompris, aussi était-il heureux lorsqu'un élève
des classes de dessin venait s'extasier dans sa loge,
devant ces grossiers morceaux de bois de noyer
à peine équarris, auxquels son talent par trop primitif
pouvait bien donner l'apparence d'une forme humaine,
mais qu'il était incapable d'animer.

Quelques années après, ce maniaque, ce vision-
naire du beau comme j'en connais beaucoup, qui ont
une très haute estime de leur médiocre valeur,
quittait le séminaire. Sa maladie n'avait fait que
grandir, il lui manquait l'air, l'espace, la liberté.
Il avait le spleen du ciseau. Il s'en vint louer dans la
Grande-Rue une vaste chambre, où il serait libre enfin
de donner essor à ses hautes envolées artistiques.

Puis Dieu l'appela bientôt à lui. Il le jugea digne
sans doute, de contempler dans toute leur majesté les
saints et les saintes, dont il avait esssayé vainement
sur terre de reproduire l'image.

Il mourut des suites d'une pleurésie, qu'il avait contractée en rapportant sur son épaule, une lourde statue d'évêque qu'il avait achetée au bourg d'Essertines-en-Châtelneuf.

Mon arrivée au séminaire fut un petit événement qui se doubla d'un sentiment de curiosité très peu sympathique pour le nouveau venu. Cet accueil me fut sensible. On n'y était pas habitué à recevoir un produit de l'Université. Je portais, il m'en souvient encore, la tenue de Lycéen, qui contrastait étrangement avec le costume local de ces jeunes garçons, vêtus d'un veston de grosse étoffe ou d'une blouse de lustrine noire, et coiffés d'une casquette de drap. Après avoir débuté au collège royal d'Orléans, continué mes études à Metz, je sortais du lycée d'Alençon où je venais de terminer ma cinquième, sous M. Pessonneaux, qui a été une des gloires de l'Université. Savant helléniste, il a traduit Homère, Sophocle, Euripide, et laissé un livre remarquable sur les grands poètes de la Grèce, fort estimé des érudits. Je ne connais rien de la fin de la carrière de cet excellent professeur, que son mérite hors ligne avait fait appeler à Paris, et qui possédait sur les tendances d'esprit ou les aptitudes de ses élèves, un diagnostic des plus sûrs.

Après un examen sommaire, il fut décidé que j'entrerais en quatrième. M. l'abbé Dupuy que l'on avait surnommé le Père *Jacques* professait alors cette classe. Je vais revenir plus longuement tout-à-l'heure sur cette curieuse physionomie. J'y trouvai pour condisciples, Pierre Gras, Sixte Delorme, Paul Michel, Barthelémy Langlois, Henri Mure, Girond, Goutagny, de Morgues, Chaffal, Chapeau, Aldaris, Bazin, Révon, Arthur Ponsard et d'autres encore, dont je cherche vainement les noms dans ma mémoire.

Parmi les grands, mes souvenirs me rappellent : Charles Wilhem, Bruyas, Gabriel Garnier, Dechelette, Cuisinier, Adrien Biscornet, Puy, Plantin, Angénieux, Antoine Jacquier, Claudius Gerentet. Dans les classes élémentaires, je revois Théophile Col, Mongrenier, Gaston Blanc, Chazelle, Boclon, Georges, les deux frères Durand, Gonindard, Goure, Granger Pétrus, Lafay, Edouard Lafond, Bouvier, Louis Dusser, Félix Pagnon, Aubrin Digoin, Rey, Broutin, Buhet, etc... Celui de tous ceux avec lesquels j'allais vivre coude à coude, qui m'accueillit avec le plus d'aménité fut Pierre Gras. C'est de ce jour que date la mutuelle affection que nous n'avons pas cessé de nous porter.

Dans ce milieu inconnu pour moi, sans échanger un mot, un geste, nous nous étions compris d'un seul de ces regards qui cimentent les plus durables amitiés.

Le père Dupuy n'était point sans talent. On l'avait surnommé *Jacques* à cause de la longueur démesurée de son nez, qu'il frappait à chaque instant d'un coup nerveux avec l'index de la main droite. Un seul nez dans la maison, pouvait rivaliser avec le sien ; celui de Chaffal actuellement huissier à Noirétable.

Au demeurant, à part ce tic ridicule dont il n'avait

cure, c'était un excellent homme, très serviable,
généralement estimé.

Grand, maigre, les cheveux se raréfiant, le visage
sillonné de lignes déjà profondes, peu soigneux de sa
personne, la mise incorrecte, portant une soutane
souvent tachée, ce prêtre eut assurément mieux
trouvé sa place dans un monastère d'ascètes. Incarnation vivante de la règle, il était aussi sévère pour
lui-même que plein de bienveillance pour les autres. Il
ne sortait de son caractère, ne s'emballait vraiment,
que lorsqu'il était question devant lui du comte de
Chambord, et que l'on discutait les chances chimériques, ainsi que les événements l'ont prouvé, d'une
restauration monarchique.

Après Dieu et son *Roy*, ce brave homme n'avait
que deux passions au monde : l'amour des racines
grecques, et une admiration enthousiaste pour les
grands poètes du XVII* siècle.

Quand il parlait de Racine et Corneille, il avait
dans la voix d'indéfinissables intonations, son œil,
d'ordinaire assez terne, s'illuminait d'un éclat particulier alors qu'il nous déclamait quelques-uns des
plus beaux passages de leurs œuvres, où le sentiment
tient une si large place.

Il nous citait à tout propos l'opinion de Rollin sur
l'utilité des racines grecques pour l'étude de cette
langue. Cent fois il nous a raconté, que Dom Claude
Lancelot bénédictin de la maison de Port-Royal, né
à Paris en 1615 était mort en exil à Quimperlé, le
15 avril 1695.

Un de ses plus grands chagrins fut toujours de n'avoir pu se procurer la première édition de son livre, qui parut en 1657.

Il nous apprenait encore que Louis Isaac le Maistre de Saci, avait mis en vers le *Jardin des Racines grecques*. Parisien comme Lancelot, il était directeur des religieuses de Port-Royal et mourait en 1684, à l'âge de 71 ans, après avoir été enfermé en 1666 à la Bastille, où il entreprit une traduction de la Bible. Aussi, avait-il une prédilection marquée pour ceux de ses élèves qui mordaient facilement à la langue d'Homère. Notre ami Cuisinier récitait de la première à la dernière décade le livre de Lancelot. Il avait dû, pour arriver à ce résultat, employer un moyen puissant de mnémotechnie. Goutagny et Bazin avaient essayé avec quelque succès, d'imiter leur ancien.

En revanche, mon vieux camarade, le curé de Chevinay (Rhône), avait un talent surprenant pour le jeu de paume. Nul, mieux que lui, ne s'entendait à lancer une balle de sa poigne solide, contre le grand mur de la chapelle ou celui de la vaste terrasse. Quand il échappait à l'attention du préfet d'études, il s'occupait dans son pupitre entr'ouvert, à découper en lames minces le caoutchouc dont il fabriquait, avec une très grande habileté, des balles recouvertes de peau de gant. — Affaire de goût. — D'autres élevaient dans leur case des lézards verts, en calfeutraient les interstices pour y simuler une mer en miniature, ou dévoraient avec l'appétit intellectuel de la quinzième année, le roman clandes-

tinement introduit dans la communauté. — C'est
ainsi que j'ai lu l'histoire de Rouget de l'Isle et appris
l'origine de la *Marseillaise*. Gras se distinguait entre
tous par son antipathie pour cette espèce d'acroba-
tisme de la mémoire, ces distractions physiques au
dessus de ses forces, ou des lectures inutiles.

A cette époque, il n'avait pas encore seize ans.
C'était un gros garçon joufflu, court de taille, large
d'épaules, aux blonds cheveux, abondants et soyeux,
qu'il portait toujours très longs. Sous un front
largement découvert, se profilait un visage au teint
mat, éclairé d'un œil bleuâtre, plutôt de couleur
indécise, qui rendait son regard méditatif, presque
inquiet. Il parlait peu, réfléchissait beaucoup, mais
aimait parfois le franc rire que produit la plaisanterie
gauloise. Un observateur attentif aurait pu deviner
dans ce tout jeune homme, une extrême profondeur
de pensée, des tendances à un inconscient athéisme,
qui faisaient songer à Pascal et Rabelais.

Il passait, à juste titre, pour un sujet d'élite. Si les
fées bienfaisantes (ce qui n'est plus qu'un mythe de
notre temps) l'avaient oublié, la nature l'avait grandement doué, en lui donnant une perception intuitive
remarquable, la répartie juste et mordante, l'amour
du vrai et du beau dans ses manifestations multiples.
Parmi ses condisciples, il ne comptait que des amis,
fort peu d'envieux.

Quand il eut à lutter plus tard contre les exigences
de la vie, ce que les Anglais nomment : *Struggle for
Life*, il professa un profond dédain pour certains

personnages injustes à son égard, et rendit à gros
intérêts les antipathies que sa supériorité lui avait
attirées. Dans le vrai sens du mot, ce n'était point un
travailleur. Il s'oubliait parfois aux douceurs de la
paresse, négligeait ses devoirs de classe pour s'abandonner tout entier à ses pensées, ou se plonger dans
l'étude de la science archéologique qui a été la constante
préoccupation de sa vie. Mais il avait le travail des
plus faciles, et quand son esprit se réveillait d'une
excursion trop prolongée dans le domaine du
Moyen-âge, il faisait en une heure ce que d'autres
n'auraient pu accomplir en une journée. Aptitudes
rares à son âge, surtout quand elles peuvent s'assi-
miler, avec la même facilité, toutes les branches des
connaissances utiles. Je ne sache pas du reste qu'il y
en ait le plus petit coin qu'il n'ait exploré, — superfi-
ciellement peut-être. — Mais personne ne saurait
contester qu'il savait un peu de tout, et qu'il était apte
à prendre part à la conversation la plus variée.

Entre toutes les connaissances qu'il cultivait, l'archéologie lui souriait de préférence. Il connaissait déjà,
au moins dans ses grandes lignes, l'histoire de cette
intéressante province du Forez. Il avait étudié tout
d'abord les ouvrages de Caumont, plus tard l'historien de la Mure et dévoré les livres si consciencieux
d'Auguste Bernard. Partout il prenait des renseignements, il notait, réunissait, classait dans sa vaste
mémoire, les matériaux divers des livres qu'il a
publiés, et les documents de l'œuvre considérable qu'il
aurait laissée, si la mort n'était venue, bien avant

l'heure, lui faire signe de la suivre. Et cette prédilection pour l'étude du passé ne fit que grandir et
se fortifier. Déjà, en troisième, nous commencions
ensemble une histoire de Montbrison; j'avoue hum-
blement, qu'il fut en tout mon maître, et que je lui dois
le peu que j'ai appris sur ce pays.

Avec lui, Sixte Delorme, Paul Michel, Henri Mure,
de Morgues, nous formions le High-Life de la classe
et faisions le désespoir du bon abbé Dupuy. Nous
étions gais, tapageurs, possédant une imagination
plus vive, plus primesautière que ces braves garçons
qui venaient, en vue d'une position future, honorable,
lucrative et facile, compléter les études ébauchées au
presbytère du village. Aussi, trouvions-nous toujours
quelque nouvelle facétie à faire au professeur. Aldaris,
que ce dernier avait baptisé *Grand Chien Vert*, était
l'exécuteur de nos farces. Il devenait, le cas échéant,
notre bouc émissaire. C'est lui qui, en hiver, éteignait
le poêle, rassemblait sous le *Benon* quelques fagots de
pin et y mettait le feu aussitôt étouffé, introduisait
du mastic dans la serrure, ou attachait la queue de la
soutane du père *Jacques* à la chaise qu'il occupait.

Et malgré toutes ces fredaines, fort excusables par
leur côté plaisant, on travaillait au séminaire, où
le régime intérieur est essentiellement distinct de
celui des établissements universitaires. Gras était du
reste notre modèle. Il excitait notre émulation, et
chacun suivant ses forces, s'appliquait à l'imiter.
Pendant les quatre ans que nous avons passés sur
les mêmes bancs, il n'a jamais quitté la place de

premier de la classe. On doit encore rappeler son souvenir à chacune des promotions qui nous ont suivis,
et donner comme exemple à ceux qui pourraient être
aujourd'hui nos fils, les brillants succès qu'il remporta
dans les concours entre les séminaires diocésains de
Verrières, Saint-Jodard et l'Argentière.

Il semble que l'abbé Dubost, chargé du cours de
Doctrine chrétienne, ait voulu préciser d'un mot, les
dispositions brillantes qu'il remarquait chez notre
camarade. — Il avait inscrit en marge du cahier de
l'élève ces quatre mots : *Sic itur ad Astra*. Ce fut
assurément un mauvais service qu'il lui rendit, il
éveilla dans cette âme neuve qui s'ignorait encore, des
espérances qui devaient se changer un jour en de
bien cruelles déceptions.

Les deux années qui suivirent, et pendant lesquelles
nous achevâmes nos classes de troisième sous
M. Blanc, et de seconde sous M. Caton, furent certainement les plus fructueuses. On travaillait avec
ardeur. L'enfant avait enfin fait place au jeune homme,
qui n'aspirait qu'au jour où sonnerait l'heure de la
liberté. Aussi cette époque de notre vie n'offre-t-elle
aucun fait saillant, qui puisse se rattacher d'une
façon intéressante à cette biographie. — On nous
avait bien appris cependant que la République avait
disparue, peut-être par la faute et le manque de flair
de ses gouvernants, et que le coup d'État du prince
Louis-Napoléon, exécuté avec une audace inouïe,
allait préparer l'Empire.

Que nous importaient ces nouvelles ? nous ne nous

occupions pas de politique, nous ne savions rien des
gazettes, et les luttes parlementaires nous laissaient
indifférents. On nous avait parlé, mais d'une façon
très discrète, pour la forme, de l'insurrection de
Paris ; des fusillades du boulevard Montmartre, et
des charges de cavalerie de la Porte Saint-Martin.
Cela ne nous intéressait guère, nous ne cherchions
à rien connaître des bruits du dehors. Les gamins
de cette époque n'étaient vraiment des hommes au
physique comme au moral qu'à l'âge normal. —
Depuis 1870 tout est bien changé. On entraîne les
jeunes gens comme on fait des chevaux, on sur-
mène leur intelligence, en quelques années on bâcle
des bacheliers, et l'on obtient de jeunes vieillards. On prépare, par cette fiévreuse éducation
des gommeux, des déclassés, ou d'abjects rastaquouères. La Société a-t-elle gagné à cette féconda-
tion artificielle ? Il serait imprudent de se prononcer.
L'avenir seul pourra répondre à cette question, qui
touche de si près aux conditions essentielles de l'existence d'une nation. Ce que je souhaite, c'est que ces
tendances dangereuses n'aient point envahi tous
nos établissements d'instruction, et qu'il se trouve
toujours quelque école laïque ou cléricale, où le père
puisse faire élever son fils dans le respect de la
famille, la pratique des sentiments honnêtes, l'élévation des idées et l'amour sincère de la patrie.

Au mois d'octobre 1852, nous entrions tous au
complet en rhétorique. M. Dubost avait quitté
Montbrison, et cédé cette chaire à M. l'abbé Blanc,

— une vieille connaissance, — qui montrait dans
l'enseignement des belles-lettres une remarquable
science. Je doute fort que les uns ou les autres nous
ayons su en profiter.

Pierre Gras, plus que jamais, s'occupait d'archéologie, j'étais placé à son côté dans la salle d'études,
et nous éehangions fréquemment à voix basse nos
réflexions. Il faisait avec une rapidité inouïe les
devoirs de classe, ce dont je profitais souvent, il
employait le surplus de son temps à dessiner des
blasons, des hommes du Moyen-âge habillés de fer, à
crayonner des châteaux-forts ou de vieilles tourelles
crénelées qui rappelaient des siècles évanouis.

Ce fut pendant l'hiver que nous commençâmes
ensemble, comme je l'ai dit plus haut, une histoire
de Montbrison. La sienne débutait ainsi : « Mont-
« brison n'est pas la ville de ma naissance : venu
« fort jeune en ses murs, j'appris à la considérer
« comme une seconde patrie. Que j'aime à te con-
« templer sous ta verte couronne de platanes!...... »
Et tout le reste à l'avenant. Je crois que je devais
m'exprimer dans des termes à peu près identiques,
car j'avais alors pour mon ami, vrai puits de science
à mon sens, une admiration irréfléchie qui ne com-
portait aucunes limites.

La classe de Rhétorique, qui nous laissait de nombreux loisirs, ne méritait pas ce nom. Je cherche
vainement, comme mes amis, ce que j'ai pu y
apprendre de sérieux. C'était à proprement parler
plutôt une école de déclamation, une sorte de Conser-

vatoire dont le but aurait été de former de jeunes comédiens. Après cela, il y a lieu de s'étonner que personne d'entre nous n'ait songé à devenir artiste dramatique, et aspiré à prendre place dans la maison de Molière, à côté de Maubant, Delaunay ou Coquelin.

On célébrait au séminaire plusieurs fêtes dans l'année, c'était jour de congé; on conduisait les élèves dans de longues excursions, Sury-le-Comtal, Montverdun, Labâtie, Saint-Bonnet-le-Château, etc. ; au retour il y avait gala au réfectoire, puis représentation théâtrale fort goûtée des jeunes Montbrisonnaises.

En vérité, je ne sais si je dois dire que je montrais comme acteur, des qualités supérieures à celles de l'élève. J'ai constamment rempli les premiers emplois, et joué les *Aventures de M. Jovial*, dont le rôle avait été créé par Philippe du Vaudeville, époux trop gai de la trop sensible Mlle Volnay, de la Comédie française.

Sixte Delorme, m'y donnait très finement la réplique, sous le costume de Parchemin.—Je parus ensuite dans *les Deux Sourds*, un vaudeville désopilant de l'époque, et pour la dernière soirée dans *le Bourgmestre de Saardam*, le triomphe de Potier que Talma appelait « le premier comédien de son temps ».— Une seule fois, dans ce genre d'exercices, Gras occupa la place en vue. Il rendit avec une très grande vérité, dans *la Foi, l'Espérance et la Charité*, le principal rôle absolument approprié du reste à son tempérament lymphatique et au peu d'étendue de son organe. Ai-je besoin d'ajouter, que l'abbé Blanc était un directeur profondément artiste, qui s'entendait à merveille avec le peu de ressources dont il disposait, à monter et à nous faire répéter une pièce.

A côté de ces distractions profanes, les fêtes solennelles de l'Eglise étaient célébrées avec une très grande pompe. Dans la chapelle de l'ancien couvent, on donnait d'excellents concerts sous la direction de M. Michel père et de l'abbé Rochet, qui semblait descendu coquet, tout poudré d'un cadre Louis XV. Il était frère d'une jeune femme de rare beauté que l'on nommait à Roanne, la *Belle Boulangère*. Paul Michel avec un talent qui n'a fait que s'affirmer, accompagnait sur l'harmonium, les pieuses paroles, adaptées aux airs les plus connus des opéras modernes. Dussud faisait entendre sa sympathique voix dans les solos ou les duos, que venaient compléter des chœurs à quatre parties savamment étudiés.

Aussi étions-nous tous occupés, dans cette classe de rhétorique, à une spécialité qui nous faisait trop souvent oublier de plus sérieuses études. Gras et Delorme composaient les poésies nécessaires à ces solennités, Paul Michel s'occupait exclusivement de musique, j'avais avec la copie des rôles de théâtre, la surveillance des lectures quotidiennes au réfectoire.

On semblait déjà nous prendre au sérieux, les *Grands* remplissaient des emplois compatibles avec la règle de la pieuse maison et l'observance des exercices journaliers.

Bazin était je crois, *Réglementaire*. Durand *Ques-*

teur, Girond, Goutagny et moi étions chargés de la chapelle et de sa parure pour les grandes fêtes religieuses. On voit, qu'à cette époque il eut été difficile de s'ennuyer, nos maîtres faisaient de louables efforts pour nous tenir toujours en haleine; cherchant à suppléer les soins de la famille et à nous rendre plus supportables les exigences de l'Internat. Si beaucoup de nous ont perdu un peu de temps au préjudice de leur instruction, et ne sont point devenus des savants; il ont du moins puisé au séminaire des sentiments qui, dans n'importe quelle classe de la société, en ont fait des hommes honnêtes et considérés. Après cela il nous est permis de garder le meilleur souvenir de ces temps heureux à jamais disparus, et de rendre un tribut de reconnaissance bien mérité à nos premiers éducateurs.

Depuis ce tiers de siècle, combien de nos amis ont disparu? La liste en est longue. Parmi les condisciples que j'ai connus, beaucoup ne sont plus, un grand nombre est entré dans l'état ecclésiastique, quelques autres occupent dans la société une honorable position.

Des tout premiers, Charles Wilhem, un sujet d'élite est mort jeune, au début d'une carrière administrative qui s'offrait à lui sous les plus brillants auspices. Mort aussi Gabriel Garnier, tour à tour clerc de notaire, employé de banque, bibliothécaire de la société de la *Diana*, qui ne se consola jamais de n'avoir pu devenir curé; morts aussi, Albin et Pierre Chazelle, qui firent le désespoir de leur père, et provoquèrent les douloureux événements de famille auxquels il n'a pu résister. Morts, Aubrin Digoin, étudiant en médecine, victime du devoir dans une épidémie, enfin Georges fils, meunier comme son père, réputé pour sa force physique, succombant aux suites d'un accident de chasse. grâces aux soins inintelligents de Pelardy, vulgaire officier de santé, mais suffisant personnage, qui, a été finir ses jours dans l'entonnoir de Saint-Anthème, son pays natal.

Qu'on me permette de ne point continuer cette attristante nécrologie. Ce livre ne saurait être uniquement un recueil d'épitaphes mortuaires. L'occasion se présentera plus d'une fois dans ces pages, de parler de nos camarades et il sera toujours temps de dire ce que je sais sur leur destinée.

Dans les premiers jours du mois d'août 1853, alors que pas un ne manquait encore à l'appel, nous nous envolions comme une nuée d'étourneaux dans des directions diverses, les uns pour revenir l'année suivante continuer leurs études, les autres quittant pour toujours le *Bahut*.

Nous allions entrer dans la vie, gais, insouciants, avec les illusions de la vingtième année, et courir toutes voiles au vent, vers l'avenir... vers l'imprévu.

CHAPITRE III

PAGE DE LA VIE DE BOHÊME

Il semble que la vie de Gras, pendant les premières années d'épreuves, qui généralement nous accueillent au début, et décident de l'avenir de chaque individu, soit un feuillet arraché au livre d'Henry Murger, *la Vie de Bohême*. Il y avait entre ces deux types de frappantes analogies de tempérament, d'idées, avec le même fonds d'ardeurs stériles; comme il y eut similitude de luttes, de travail à bâtons rompus, d'insuccès, de désespérances de toute espèce. S'ils avaient pu se connaître, ils se seraient compris, aimés, consolés, marchant en frères, la main dans la main, à travers les sentiers glissants et difficiles du monde. A deux, la misère est moins âpre à supporter.

Mais l'un était un jeune homme de vingt ans, provincial sans expérience, alors que l'autre de beaucoup plus âgé avait déjà goûté à toutes les amertumes, et commençait à se faire un nom dans les lettres à force de patience et de résignation. Il y a eu ce mois de janvier déjà vingt-cinq ans qu'il est mort, cet habile en l'art d'écrire, cet incomparable poète en prose, épuisé des fatigues de la route, sans regretter la Société qui commençait pourtant à le comprendre.

Oubliera-t-on jamais le peintre de *Musette* qui nous chanta la vraie gaîté, la jeunesse, et le vin qui réjouit le cœur de ceux qui savent boire. — Chaque soir, ce boulevardier descendait du modeste logement qu'il occupait rue des Martyrs, pour se rendre, à l'heure de la *Verte*, au café Véron près du passage des Panoramas. — J'ai voulu écrire ces lignes à la table où il s'asseyait, pour trouver l'inspiration qui m'aurait manqué partout ailleurs. Il me semble le revoir en compagnie d'Hyppolyte Cogniard, Siraudin, Delacour, Lambert Thiboust, suivant d'un œil distrait leur quotidienne partie de dominos. Je crois l'entendre pérorer, pétillant d'esprit et d'humour, oubliant pour quelques heures qu'il n'avait point déjeuné le matin, et causer de n'importe quoi avec Barrière, Scholl, Noriac, Chavette, Henri Rochefort, Ponson du Terrail, Villemessant, Bourdin, éblouis de ses saillies et de ses réflexions à longue portée.

Tout à coup, il tomba sérieusement malade, lorsque la fortune se décidait enfin à soulever pour lui, un

coin du bandeau qu'elle porte sur les yeux. A la suite
d'un affaiblissement général des organes, résultat
forcé des nombreuses privations qu'il avait suppor-
tées, on dut le conduire à la maison Dubois, où pour
la forme, le chirurgien en chef Demarquay, pratiqua
sur ce corps déjà décomposé, une douloureuse opéra-
tion. Il mourait le lendemain soir, à l'âge de trente-
huit ans, après avoir reçu les suprêmes consolations
de l'Eglise.

Gras est décédé à trente-neuf ans et demi. A la dif-
férence près des aptitudes spéciales à ces deux
hommes, emportés subitement dans la force de l'âge,
il y avait entr'eux un point de ressemblance fort
curieux, que j'ai tenu à indiquer.

En quittant le petit Séminaire, mon ami était entré,
comme on le sait, au lycée de Lyon, afin d'y compléter ses études classiques. Là, comme à Montbrison,
il occupa en philosophie une place honorable. Il
obtint plusieurs nominations à la distribution des
prix (8 août 1854), notamment le deuxième prix de
dissertation française; et son diplôme de bachelier ès-
lettres en poche, il allait se mettre, comme Jérôme
Pâturot, à la recherche d'une position sociale. Mince
bagage, et bien insuffisant pour qui n'a point de
fortune, ou des protecteurs assez puissants pour lui
en tenir lieu.

Que se proposait-il de faire? Suivre les cours d'une
faculté de médecine? assurément non. Il ne possédait
pas la force de caractère nécessaire pour s'asseoir au
chevet des malades. Il en était encore à se trouver mal

en voyant saigner un poulet. La carrière du barreau
lui aurait peut-être souri, il me l'a souvent avoué,
mais sa famille était dans l'impossibilité matérielle
de pourvoir aux frais de longues études, et il sentait
bien lui-même, qu'il ne possédait pas toutes les qualités indispensables à l'exercice de cette profession
libérale. Au fond, il se rendait parfaitement compte
de l'insuffisance de l'ampleur de sa voix, avait horreur de la chicane, trouvait barbares les termes de
procédure, et sentait la poussière d'un greffe lui
monter au nez. Il avait, il faut le reconnaître,
une appréciation exacte de ses moyens. Trop timide
pour les luttes oratoires, il manquait de la véritable
envergure des tribuns, car le temps n'était point encore
venu où nos gouvernants, ministres, sénateurs et
députés, devaient se recruter parmi les avocats sans
cause, et les vétérinaires sans clients.

Ce fut après une année de séparation, à ce moment
décisif du choix d'un état, que nous nous retrou-
vâmes à Montbrison en septembre 1854.

Je n'étais à ce moment, guère plus avancé que lui,
je possédais en moins, l'étendue et la variété de ses
connaissances.

A dix-neuf ou vingt ans, surtout quand il a subi
pendant plusieurs années l'influence de l'éducation
ecclésiastique, un jeune homme peut-il savoir exactement la situation qui conviendrait le mieux à ses
aptitudes et à ses goûts? Je ne le pense pas, et plus
j'avance dans la vie, plus je reste convaincu qu'il est
impossible à cet âge, de comprendre la vraie valeur

de ses qualités intellectuelles, et de mesurer exactement quelle doit être la portée de son essor. On va
le plus souvent à l'aventure, comme le hazard le veut,
où les conseils de la famille vous poussent, le rire
aux lèvres, l'espérance au cœur, sans aucune inquiétude du présent, sans nul souci de l'avenir.

C'est qu'à ce moment, la vie apparaît sous les plus
séduisantes couleurs, on se laisse bercer mollement
par les illusions, on reste anesthésié, jusqu'à l'heure
où sortant de ce sommeil dont la durée varie avec
les tempéraments, revenu de toutes les erreurs,
désabusé par l'écrasante réalité, on se cramponne à
la plus mince planche de salut, pour chercher à vivre.

Nous causâmes tout d'abord des absents, il s'intéressait beaucoup à ses anciens condisciples, et
désirait avoir les détails les plus complets sur ce qui
avait pu se passer pendant cette année qui lui avait
duré un siècle.

Il aimait beaucoup Barthélemy Langlois, actuellement curé-missionnaire à la Louisiane, il
me parlait de Plantin, qui n'a pas tenu tout ce qu'il
promettait, de Cuisinier, de Bazin, de Pierre, de Paul,
de tous ceux enfin qui avaient usé leurs coudes sur
les mêmes bancs, et que j'avais accompagné à Alix.—
Qu'était-ce donc que ce demi-grand Séminaire ? Qu'y
faisait-on ? Et il riait à gorge déployée, quand je lui
disais que nos plaisirs se bornaient à jouer aux
échecs, ou à épingler sur des feuilles de liège, les
insectes recueillis dans nos promenades de chaque
semaine. C'était alors d'interminables entretiens, un

échange d'idées parfois bizarres, des projets d'avenir aussitôt oubliés qu'entrevus.

Puis notre conversation finissait invariablement par ce conseil : « Crois-moi, mon cher, tu fais fausse « route, tu as eu tort de mettre un pied sur les degrés « de l'autel. Sois donc citoyen, père de famille, ce « sera à la fois plus utile à tous, et surtout plus « agréable pour toi. »

Il n'admettait pas les craintifs, qui embrassent le sacerdoce afin d'échapper au service militaire, sans conviction profonde, sans vocation déterminée, allant à Dieu plus par raison que par piété, pour se créer une place honorable dans la société et venir plus tard en aide, — sentiment très méritoire, — à des parents pauvres qui se sont sacrifié pour leur éducation, obéissant presque toujours, comme il le disait avec justesse, à d'absurdes préjugés, au désir de la famille ou à des avis trop peu mûris.

Il bondissait, quand je lui assurais que la vocation suivait souvent l'essai, et qu'il fallait compter sur les grâces d'État dont nous avait si fréquemment parlé le pieux Caton. Lorsque, à bout d'arguments, je lui objectais l'esprit étroit de l'époque, la crainte du ridicule, il me répondait avec son grand flegme : « Va donc, Ami, fais bien et laisse dire. »

Autant il était expansif dans cette intimité, autant il se montrait réservé en public. Ce fut le secret de sa force. Il semblait du reste difficile de deviner exactement sa pensée, il posséda le rare talent de savoir se plier à toutes les circonstances, de juger comme il l'entendait, et de ne dire jamais que la moitié de ce qu'il voulait être connu. Il eut, en un mot, le tact peu commun de ne brusquer aucune conviction, d'opiner toujours du bonnet, et de comprendre que le silence, dirai-je la dissimulation, est pour réussir à notre époque, la plus indispensable de toutes les qualités. J'avoue que ses paroles eurent une influence décisive sur mes résolutions, que devaient encourager, à peu de temps de là, les conseils plus autorisés de Mgr Dupanloup, évêque d'Orléans, et du père Lacordaire.

Chez Gras, ce sommeil dura huit ans ; il cherchait sa véritable voie sans la trouver, il essayait de tout sans réussir, courait les grandes routes, en revenait bredouille, et voyait ses espérances s'accrocher, une à une, aux ronces des chemins.

Que celui de nous qui n'a point été *Bohème*, ne fut-ce qu'une heure dans sa vie, ose lui jeter la pierre ? Vous-même, Monsieur, marquis, comte, vicomte ou simple bourgeois, qui me faites l'insigne honneur de me lire, n'avez pas échappé à cette loi commune !

Mais, il ne faudrait pas se tromper sur cette qualification, et je ne confondrai jamais l'homme d'esprit besoigneux, instruit, souvent paresseux, travaillant à ses heures, en artiste, trouvant plus douce la sieste qui repose, que le labeur qui donne la migraine, déambulant la nuit et dormant le jour, avec tous les déclassés qui battent le pavé de Paris.

Ces *Rastaquouères*, en quête d'une dot, toujours correctement vêtus par un tailleur à la mode qu'ils exploitent, incapables de toute besogne, demi-savants inutiles à la Société, portant à la boutonnière une rosette multicolore, parlant haut, buvant fort aux frais de leurs amis, ne soldant absolument que leur repas dans une modeste gargotte à 23 sous, enfin se contentant d'une pièce de cinq francs à n'importe quelle effigie, pour passer leur soirée, voilà les bohêmes de bas-étage, les bohêmes malpropres et méprisables.

André Gill, le caricaturiste de talent, mort il y a peu d'années à Charenton, était un bohême; Gambetta, malgré sa valeur et la haute situation que lui firent les circonstances, resta bohême toute sa vie, rêvant (ce qu'il n'a pu réaliser) de doter son pays d'une république Athénienne.

Le temps était venu, pour beaucoup de nous, de reprendre leurs études. Gras, possédé de la nostalgie des voyages, voulut voir l'Angleterre. Il visita le *Palais de Cristal* de Londres où avait eu lieu en 1851 l'Exposition Universelle, qui fut le modèle le mieux réussi des nombreuses exhibitions ouvertes depuis en France et à l'étranger, vastes bazars en réalité, où l'on trouve rarement ce que l'on cherche; un véritable trompe-l'œil, un hall immense où des jeunes filles aimables vendent des objets de toute nature, sans que l'art ou la science aient quelque chose à y gagner.

Il me rapporta plusieurs bibelots : entr'autres, une médaille commémorative de cette exposition, fort bien frappée, que je conserve avec soin.

Quelques mois auparavant, nous avions fait la

connaissance d'Henry Gonnard, un Montbrisonnais
un peu moins âgé que nous ne l'étions, dont les goûts
se rattachaient trop aux nôtres, pour que nous ne
nous sentîmes pas attirés vers lui. Il faisait alors ses
classes au petit séminaire de Largentière et correspon-
dait très souvent avec ses amis. J'ai là, devant moi,
plusieurs de ses lettres, et je transcris ici, celle qu'il
m'adressait le 10 mai 1855, pour fixer le lecteur sur
ses mérites littéraires et la nature de nos relations à
cette époque :

Largentière, 10 mai 1855.

Mon cher Arthur,

Vous voyez que moi aussi je ne suis pas aussi prompt
dans mes réponses que les fils de fer du télégraphe. J'aurais
donc bien mauvaise grâce de ne pas vous excuser. Aussi
le fais-je franchement comme vous le feriez vous-même.

Vous m'annoncez donc que vous préparez vos jambes à la
course de Pierre-sur-Haute ; les miennes sont prêtes depuis
longtemps et je vous promets que dans un mois et demi, je
les dédommagerai bien de leur repos forcé de huit longs
mois. Il faudra que nous fassions le tour du département,
sinon je ne serai pas content. Ainsi, prenez une bonne dose
de courage physique et moral, munissez-vous de crayons et
de pinceaux, et je vous réponds qu'avec cela nous pourrons
aller loin.

Je pense que Gabriel aussi sera des nôtres ; mais si j'ai
bonne souvenance, je crois qu'il n'a pas le jarret solide. Je
l'exhorte donc à faire un peu de gymnastique pendant le

temps qui lui reste, et en passant, je prendrai la liberté de lui
demander si sa maladie lui a paralysé la main dextre.

Ne pourrait-il prendre sur lui de m'écrire au moins quelques
lignes ? Je suis rancuneux, qu'il prenne garde, et je pourrais
bien me venger un peu au mois de juillet. Je crois qu'il est un
peu enclin à la mysanthropie ; s'il en était ainsi, je l'engage
fortement à travailler des pieds et des mains pour en extirper
le germe. Pour vous, je vois que tout en vous plongeant dans
les profondeurs de la théologie, vous savez en sortir quelquefois pour jeter un regard autour de vous, et vous informer un peu de ce qui se passe hors de votre sphère. Mais lui,
on dirait qu'il est complètement étranger à tout, et cependant..... Je m'arrête, qu'il songe que je me vengerais et que
ma vengeance serait terrrible.

A propos, je vous annonce une nouvelle : c'est que vous
n'aurez plus besoin de courir à Moingt pour me trouver.
Nous allons maintenant abandonner la campagne pour revenir
à la ville et nous demeurerons, devinez où ?... au cloître, à
côté de la cure. De cette manière, nous pourrons plus
souvent et plus facilement nous réunir, lorsque nous le
désirerons, ce qui est un avantage immense. Lorsque nous
voudrons communiquer, nous n'aurons plus que quelques pas
à faire. Nous pourrions même établir un fil électrique au
moyen des arbres du boulevart. Qu'en dites-vous ? L'idée
n'est pas tant mauvaise (en théorie). Tout nous sera donc
favorable et nous pourrons attendre avec confiance le temps
marqué par les décrets de la Providence ; il sera bientôt
arrivé et alors du soleil, de la verdure et des fleurs, voilà ce
qu'il nous faudra.

Jusqu'à présent, je n'avais dessiné, pour ainsi dire, que des
bosses ; maintenant, je me remets à la peinture et je fais
quelques fleurs d'après nature. J'en suis à une branche de
lilas, mais que c'est long ! et facile surtout, je vous en réponds.
Enfin, que voulez-vous, pas de roses sans épines (mais que
d'épines sans roses).

Sur quoi, mon cher Arthur, je vous souhaite toutes sortes
de prospérités ainsi qu'à Gabriel, en attendant le moment où
nous pourrons nous réunir sous les tilleuls de Notre-Dame.
Adieu.

Votre ami dévoué,

Henry GONNARD.

Oreste ne tutoyait pas encore Pylade. On remarquera en passant, que le signataire de cette lettre ne
dit pas un seul mot de notre camarade Gras, dont
la supériorité incontestable lui portait déjà ombrage.

Quelques mois après, il m'écrivait de nouveau à
Lyon que j'habitais, en me priant de le renseigner
sur les conditions d'admission à l'Ecole des beaux
arts de cette ville. Je fis plusieurs démarches auprès
de M. Jammot et de M. Bonnefond, peintre de fleurs
d'un grand talent, qui me fit l'honneur de me répondre la lettre suivante pleine d'intérêt, à mon avis,
pour les jeunes artistes :

Monsieur,

Sans les nombreuses occupations dont je suis accablé,
dans ce moment-ci, vous auriez reçu beaucoup plus tôt une
réponse à votre lettre du 24 juin.

Pour être admis à l'École Impériale des beaux-arts de
Lyon, trois pièces sont nécessaires : 1° l'*Extrait de naissance* de l'élève ; 2° *celui de son père*, afin de constater
qu'ils sont *tous deux nés français* ; 3° *un certificat de
vaccine*.

Les concours de la fin de l'année scolaire étant commencés, votre protégé ne pourrait être admis à l'école qu'au mois de novembre.

Si j'en avais le temps, je joindrais à ces renseignements et dans l'intérêt du jeune homme, à l'avenir duquel vous vous intéressez quelques réflexions sur la circonspection qu'il faut apporter dans le choix de la carrière des beaux-arts, si longue, si épineuse, et si incertaine ; c'est toujours assurément une très grande responsabilité que d'y pousser n'importe qui, et à plus forte raison, un ami, surtout dans un siècle de *hauts fourneaux* et dont les tendances générales sont à l'industrie ; ajoutez à cela l'opposition d'une famille, et vous penserez comme moi, qu'il y a là quelque chose qui vous engage à être bien prudent !

Nous en causerons quand j'aurai le plaisir de vous voir.

Recevez, en attendant, je vous prie, Monsieur, l'assurance de mes sentiments distingués.

Ce 30 juin 1856.

E. BONNEFOND.

Dès lors nous eûmes avec Henry les plus cordiales relations, jusqu'au jour où un événement assez futile par lui-même refroidit sensiblement notre amitié, et qui ne peut s'expliquer que par ce travers de caractère, dont l'on aura deviné certainement la nuance.

Cet ami de fraîche date, se permit à mon égard une plaisanterie plus enfantine que méchante, mais assurément de mauvais goût.

Prévenu à temps, je me fâchai tout rouge. Il n'a pas dû l'oublier. Aujourd'hui que mes cheveux grisonnent, je regrette ce moment de colère. Mais j'avais alors vingt-cinq ans, la tête près du bonnet, et l'honneur de porter une épée.

Depuis cette époque, j'ai très peu revu Gonnard.

Tout ce que je sais de lui, c'est qu'il fut nommé le 15 octobre 1866, sous-secrétaire de la mairie de Saint-Etienne aux appointements de 2.000 francs.

Le 1er janvier 1872, il obtenait grâce à d'influentes protections, le titre de Conservateur du musée du Palais des Arts avec un traitement de 3.000 francs. Il était admis à la retraite le 1er avril 1885, après 18 ans 5 mois de services, et sa pension était liquidée à 1107 fr. 50.

Je me suis laissé dire, sans pouvoir rien affirmer, que son remplacement a été motivé par ses relations privées, ses opinions politiques, mais surtout le savoir faire de l'employé qui le remplace, et qui avait su mériter les faveurs de l'administration municipale.

C'est au demeurant, un fort honnète homme jouissant de l'estime publique, un travailleur qui a beaucoup gagné depuis notre jeunesse, et que la Diana compte parmi ses membres les plus actifs. J'aurai un dernier mot à dire sur lui, au sujet de la valeur de ses publications, quand je m'occuperai plus loin de l'origine de cette société.

Après son court voyage d'outre-mer, le seul au reste qu'il ait jamais effectué de sa vie, nous retrouvons notre jeune archéologue à Lyon, au milieu de sa famille, où une décision prompte concernant la carrière à embrasser, s'imposait de plus en plus. Le Père Gras avait bien encore quelques bonnes relations, il hazarda plusieurs démarches, on lui fit force promesses qui rendent heureux ceux qui les reçoivent, et coûtent très peu à ceux qui les prodiguent. Les places se firent donc attendre. Son fils n'avait ni un état manuel utilisable, ni une spécialité bien définie. Il prit alors la résolution de l'envoyer à Bordeaux dans la maison de liquides qu'il représentait depuis de longues années. Jouissant de l'estime de son patron, il ne doutait pas que ce jeune homme fut bien accueilli, sans espérer toutefois le voir devenir un employé modèle. Mon camarade part, il va sans mot dire, docile aux arguments décisifs invoqués, prendre le joug qu'on lui impose, mais qu'il ne pourra supporter plus de *six mois*. J'entre, comme on le voit, dans les moindres détails de cette existence tourmentée; chacun en tirera à son gré, les enseignements qu'ils comportent.

A ce moment, nous nous écrivions avec régularité. On me permettra de choisir dans cette volumineuse correspondance, quelques-unes de ses lettres illustrées de charmantes vignettes, qui feront connaître son genre de vie dans ses nombreuses pérégrinations, et laisseront deviner les répugnances qu'il devait éprouver pour un métier, qui n'était nullement dans ses goûts.

Bordeaux, le 15 Août 1857.

Mon cher Arthur,

J'ai reçu ta lettre du 21 juillet. Il s'en allait temps, comme on dit ici. Figure-toi que par un de ces jours nébuleux, jours très rares à Bordeaux mais non pas à Montbrison, je me pris à songer à tous mes vieux amis d'autrefois, il me vint au cœur une foule de lointains souvenirs et je pris sur ma paresse d'écrire quatre ou cinq lettres, d'abord à Arthur, puis à Alex. Durand et à A. Jacquier, etc.

Les jours succédaient aux jours, les semaines aux semaines, et nulle réponse n'arrivait. Je vous croyais tous morts et enterrés, lorsque me parvint ta charmante épître dont la bordure noire m'a d'abord effrayé.

Je regrette, cher ami, que les circonstances qui t'ont appelé en Limousin aient été si malheureuses. Tu nous en serais revenu avec une foule de croquis curieux et de notes intéressantes. Mais tu connais le proverbe, *ce qui est digéré*, etc., etc.

Mais à propos, j'oubliais : Donne-moi donc la main, avance un peu la tête, que je t'embrasse sur les deux joues ; s'il est vrai que tu rentres dans le monde....

Nous nous sommes toujours porté une amitié mutuelle, notre ciel a rarement été obscurci de nuages ; ce qui fait notre éloge à tous deux. Jeune homme, il y aura dans nos relations quelque chose de plus sympathique et de plus.... comment dirai-je !.... Enfin, tu me comprends ?

Je t'en estimerai davantage, je ne te le cache pas, car te connaissant comme je te connaissais, je prévoyais bien que tu éprouverais beaucoup de difficultés à atteindre le but que tu t'étais proposé d'abord. Aussi ta détermination ne m'a nullement étonné, je m'étais toujours dit : il y viendra, et ma première exclamation en lisant ta lettre a été : Enfin ! Eh bien, oui !

Moi, je n'ai jamais compris les demi-sacrifices. Tout ou rien. — Si j'avais été seul au monde, si je n'avais jamais eu ni père, ni mère, ni sœurs, eh ! mon Dieu ! j'aurais fait comme d'autres, et mon cœur plein de désespérance et de lassitude morale aurait été chercher un refuge dans le cloître ou dans la rivière (je ne sais pas nager). Remarque que je dis dans le cloître, car à mon avis il faut avoir un caractère bien fortement trempé pour rester continuellement en contact avec le monde et toujours en lutte avec lui. Je ne me sentirais pas ce courage, et je laisse à d'autres la palme du martyre !

Mais je m'aperçois que je prêche un converti, tant mieux, et parlons d'autre chose.

Ah! belle damoiselle! Vous allez chercher un mari sous d'autres cieux, tandis que vous avez près de vous un jeune homme qui vous aime et qui porte sur son cœur la blonde relique d'amour que vous avez laissé dérober à votre chevelure. Ah! puisqu'il en est ainsi, puisque vous dédaignez l'humble artiste qui vous suit du regard, caché à l'ombre d'un pilier, allez ! allez toujours, et puissiez-vous chercher en vain !! Sotte !

Que tu es heureux, cher bon, d'avoir un petit retrait pour rêver en lisant Hugo, Lamartine et Chénier. Hélas ! dans ma chambre à moi, Lamartine est taché d'encre, Hugo sent la pipe, et Chénier brille par son absence.

J'aurais bien désiré voir l'*ânesse*, mais je n'ai pas osé demander à ton père à aller la visiter, quoi que je ne fusse pas vétérinaire. (1)

Je voudrais pouvoir te dire: dans un mois j'aurai le plaisir de te voir; mais hélas, M. L... va à Lyon dans quelques jours passer un mois et me laisse à la tête de la maison.

Je ne me mettrai donc en route qu'en septembre, et si mon père m'emmène à Marseille avec lui, c'est à peine si je serai à Montbrison pour les vendanges.

C'est du reste la plus belle saison dans notre pays.

J'aurai à te montrer des croquis de voyage de toutes les villes de France, à te raconter mes impressions, etc., etc.

---

(1) Il s'agit d'une petite construction que M. David avait fait annexer à la loge en pisé de son modeste vignoble, à laquelle il avait plaisamment donné ce nom !

Je suis allé dernièrement aux bains de mer à Arcachon, près de la tête de Berch, à l'embouchure de la Gironde — Quel bonheur de se jouer dans l'onde amère, comme dirait Théophile Col..., je t'en reparlerai.

Rappelle-moi au souvenir de mes braves acrobates de là-bas : Garnier, Albert Durand, avec qui j'ai fait de bonnes parties de rire, et le gros Lafond, qui ne se fait pas non plus de mauvais sang, et tous les autres, *si tu les vois*.

Si tu rencontres *Chacance* du poulailler, dis-lui de répondre à ma lettre.

Tout à toi,

Louis P. Gras fils.

Impasse des Tanneries, 20.

Après quelques mois de cette vie sédentaire, se sentant trop à l'étroit dans son bureau, il sollicitait l'emploi de voyageur de commerce, ce que la maison s'empressa de lui accorder. Sa courte odyssée dans ces nouvelles fonctions fournirait à un artiste en bonne humeur, les croquis les plus désopilants. — Vous vous imaginez sans doute qu'il allait se mettre sérieusement à la besogne, visiter régulièrement la pratique, courber l'échine devant de bons bourgeois de province pour leur faire ses offres de service et prendre leurs ordres! Oh! que nenni! N'avez-vous pas déjà deviné que l'*amateur* allait tout entier reparaître dans ce commis-voyageur lettré, qui n'ignorait qu'une chose, la plus essentielle peut-être, comment on taille un cep, l'époque où il importe de cueillir la grappe, le temps qu'il faut la faire cuver pour obtenir ces bons vins du crù, qu'il était chargé de placer.

Aussitôt débarqué dans la ville que lui fixait son itinéraire, il oubliait complètement les clients dont il avait emporté l'adresse, il s'enquerrait des curiosités des environs, prenait des notes sur l'histoire locale, et son album sous le bras, allait faire des dessins de vieux châteaux, ou relever les inscriptions à moitié effacées par le temps.

A la fin de la journée, il était fort exact à la table d'hôte, il égayait les convives par de spirituelles boutades, se réservant dans quelque coin d'estaminet où se terminait la soirée, d'écrire à sa maison pour l'informer que les affaires allaient très mal, et réclamer de nouveaux subsides.

On s'aperçut bien vite à Bordeaux qu'il ne produisait pas assez, et on le remercia de ses services.

Puis j'appris tout à coup qu'il avait succombé à la tentation de goûter à cette existence à l'emporte-pièce, de voir Paris, où il aurait certainement fini par être QUELQU'UN, si des circonstances défavorables ne l'avaient une dernière fois encore forcé à revenir dans le Forez, qui lui réservait une modeste situation, l'*aurea mediocritas* que ne dépassaient pas ses désirs.

Je ne sais à quelle occasion il accompagna Sivori, le violoniste célèbre, qui avait dans le monde artistique de la capitale des relations nombreuses qui lui furent fort utiles, et lui permirent de se rendre compte de la vie parisienne dont il ne se faisait qu'une incomplète idée. Il habitait 63, rue de Provence, dans un hôtel meublé, où il s'était fait inscrire sous le nom de Gras de Martel. Pendant toute la durée d'une Exposition ouverte au Palais des Champs-Elysées, il avait beaucoup flâné, fouiné, couru tout Paris, visité en détail les monuments, grimpant sur l'impériale des omnibus pour connaître les quartiers de l'immense ville, mais surtout étudié les bibliothèques, les musées, passé des heures entières sur les quais à fureter dans les boîtes des bouquinistes, à chercher des gravures, des portraits, vignettes et dessins de toutes espèces dans les cartons à 5 et 10 centimes, enfin examiné une à une, les médailles romaines, grecques ou gauloises que cédait à bas prix, le vieux marchand qu'on trouve encore au coin du Pont-Neuf.

Après la fermeture de l'exposition, il reprenait chez un agent de change l'emploi qu'il y occupait depuis quelques mois déjà; il avoue qu'il gagnait à ne pas faire grand chose, beaucoup d'argent, qu'il dépensait avec la même facilité pour satisfaire ses goûts artistiques (1).

Voici la lettre qu'il m'adressait le 31 octobre 1857. Bien des lecteurs, parmi ceux même qui l'ont intimement connu, y trouveront certainement d'intéressants détails, qu'ils ne soupçonnaient pas sur son court séjour à Paris, et ses occupations qui

1) Parmi les souvenirs qu'il m'a laissés, je conserve précieusement un portrait *du duc d'Orléans*, crayon rehaussé de bleu, et une *Scène de la Saint-Barthélemy*, d'Elmerick, un artiste qui eut son heure de vogue.

Je possède encore une fort bonne sépia de L. Duvaux, représentant un général de cavalerie, de l'époque de Louis-Philippe.

expliquent la variété de ses connaissances dans la science archéologique.

Paris, le 31 Octobre 1857.

Que de mois écoulés, *mio caro*, depuis que nous nous sommes vus la dernière fois! Et que de lettres nous nous sommes écrits réciproquement! Pas une!... et la raison, je n'ai jamais pu la savoir. Ce n'était certes pas parce que nous avions fait l'un et l'autre les portraits des comtes du Forez, parce que l'un et l'autre nous avions fait une Histoire de Montbrison (pauvre ville! qu'elle doit être pâle et triste maintenant sous sa *Couronne de feuilles de Platanes*). Non! ce n'était pas pour cela. La raison en restera un problème.

Ta lettre a donc été la bien-venue, et si je n'y ai pas répondu plus tôt, c'est que je voulais faire la recherche que tu m'indiques et t'en rendre compte. En fait de bibles hébraïques, je n'ai trouvé qu'un énorme in-folio, aux tranches rouges, aux coins enferrés, et au dos légèrement labouré par les vers ou les rats. — Ce n'était pas cela qu'il me fallait. Je me souviens cependant parfaitement d'avoir vu l'exemplaire ou le format dont tu me parles. Je chercherai encore. Tu as raison de croire que je connais tous les bouquinistes des quais. Oui, depuis le petit marchand de médailles romaines (il y en a de fort belles, sinon de fort rares), à un sou et au-dessous, tout au coin du Pont-Neuf, jusqu'aux grands étalagistes de gravures sous les arcades de l'Institut, autrement dit l'Académie. Je connais tout, j'ai tout vu, j'ai acheté à tous les marchands, et à propos de gravures, j'ai quelques milliers de gravures, de vignettes, de dessins, etc...

Je fais aussi de temps en temps quelques petits tableaux à l'huile, dans le genre et à la mode.

Quelques poules émiettant un fumier, avec ta permission;

quelques cochons, sous ton respect, se vautrant dans une étable; un petit groupe de moutons en plein vent, etc., etc.

Oh! que l'on fait de jolis tableaux de genre, je veux dire dans mon genre, à Paris! C'est croqué! C'est poché!

Et le Louvre donc! Comme il est beau quand on voit les artistes et les artistesses grimpés sur leurs chevalets, le long des galeries du Palais!

Tu me parles d'Henry Gonnard; je ne sais pas non plus pourquoi nous ne nous écrivons pas depuis six mois. C'est moi qui lui ai écrit la dernière lettre, ce me semble. Avec ça, que j'ignore complétement son adresse. Si tu as occasion, fais-lui donc passer la mienne.

J'ai vu le petit vicomte de Rostaing une fois ou deux. Il devait aller à Issy en philosophie.

Quant à moi, maintenant que l'Exposition est finie, elle ferme le 2 du mois prochain, je suis rentré chez l'agent de change où je travaillais avant l'exhibition. Je n'ai pas grand-chose à faire, et je gagne beaucoup d'argent que je dépense avec la même facilité, en livres, en dessins, etc... Tu ferais comme moi! Nous avons toujours eu à peu près les mêmes goûts.

Bref, je vis à Paris avec une rapidité qui m'étonne, et qui me fait quelquefois réfléchir. Seulement, de temps en temps, il me vient un regret en songeant à Pierre-sur-Haute, aux feuilles mortes, à mes médailles, etc. Et je me dis, je reviendrai plus tard à tout cela quand j'aurai une position.

Eh! malheureux que nous sommes! Qui nous dit que nos goûts, ces goûts qui ont fait notre bonheur, ne changeront pas avec l'âge? Qui nous dit que dans dix ou vingt ans, nous trouverons encore du plaisir à courir la campagne notre album sous le bras? Viennent les beaux jours, et le mois de juillet, comme je m'envolerai vite aux bords du Vizezy!

J'en ai le frisson, rien que d'y songer!

Adieu Arthur, je t'écris toutes ces bêtises au grand galop

de ma plume, et je te prie de m'envoyer le plus de lettres possible, elles me font un plaisir infini.

Je me recommande au bon souvenir de nos amis.

Je t'embrasse de tout mon cœur.

P. Louis Gras de M.

M. Gras de Martel, rue de Provence, 63.

Comme on l'a vu, il mettait à profit le temps trop court qu'il allait passer dans la capitale où il s'ennuyait déjà, car il prévoyait bien qu'il ne pourrait continuer à remplir des fonctions fort aléatoires et pour lesquelles, du reste, il ne se sentait aucun goût. Sivori, le présenta à des musiciens ses intimes amis, grâce à eux, il put pénétrer dans un petit cercle d'hommes de lettres qui débutaient également, et qui depuis, ont conquis dans la littérature ou les arts de très enviables situations. Il y rencontra un compatriote, le Lyonnais Pierre Dupont, alors dans toute la plénitude de son talent, dont il avait beaucoup entendu parler, mais qu'il ne connaissait pas. Le chansonnier bohème, qui continuait d'une façon magistrale l'œuvre de Béranger, surpassant le plus souvent le maître, l'accueillit avec beaucoup d'affabilité et le mit en relations avec ses nombreux camarades.

Et pourquoi donc ne consacrerais-je pas, — personne ne s'en plaindra, j'espère, — dans un livre qui

intéresse l'ancienne province du Lyonnais, quelques
lignes spéciales à ce poète, d'un naturel parfait, d'une
originalité saisissante, le chantre de la nature,
l'ami des scènes villageoises ; qui n'a pas eu de rival,
et qui probablement de longtemps du moins, n'aura
pas de continuateur.

Pierre Dupont que l'usage des alcools, l'abus de
l'absinthe, la vie surchauffée à une trop haute pression, devaient avant le temps jeter dans la fosse où
tout retourne ici-bas, était né à Lyon le 25 avril 1821.
Il mourait à Saint-Etienne le 25 juillet 1870.

Il était fils d'un forgeron originaire de Provins.

A la mort de ses parents, il fut recueilli tout jeune
encore par le curé de Rochetaillée-sur-Saône, parent
de sa famille, qui lui enseigna les éléments de la
langue latine, et, dans le but d'en faire un prêtre,
le fit instruire au séminaire de l'Argentière, qu'il ne
quitta qu'en 1837, après avoir déclaré à son protecteur qu'il n'entrerait jamais dans les ordres.

Tour à tour, apprenti *Canut*, clerc de notaire, employé d'une maison de banque, le jeune homme devint
l'amoureux platonique d'une dame de haut parage, qui
le rendit légitimiste ardent. Il s'associa à la protestation faite en 1838, par M. de Dreux-Brezé à la Chambre
des pairs, au sujet du comte de Chambord, et écrivit
une pièce de vers, lors du baptême du comte de Paris.
Il s'enthousiasma de Rachel qu'il entendit dans le
Cid et les *Horaces*, et son entretien avec la célèbre
tragédienne décida de sa carrière. Il se rend à Paris,
entre chez un banquier de la rue Charlot, et donne

des leçons à 1 fr. le cachet dans une institution libre. De nouveau fatigué, il rentre dans sa famille à Provins, où il rencontre l'académicien Lebrun, auteur de *Marie Stuart*.

Son poème des *Deux Anges* fut couronné par l'Académie en 1842, et lui valut en outre une place d'aide au Dictionnaire, qui servit à le faire vivre et à perfectionner son goût délicat, pour les beautés de notre langue.

Il adorait la musique par instinct, sans l'avoir apprise, incapable de déchiffrer à première vue, un morceau de commençant, mais ayant l'oreille musicale, une voix sympathique d'un beau timbre, interprétant avec chaleur les airs lyonnais qu'il avait entendus au village. Gounod, son ami intime, alors inconnu, avait un plaisir extrême à lui faire redire ces chants rustiques ; avec Reyer et Parizot, il notait au piano les idées musicales, auxquelles Dupont appliquait les paroles.

La *Chanson des bœufs* (1846) fut une révélation. Gounod était dans un enthousiasme qui tenait du délire. Théophile Gautier félicita le jeune poète. Deux jours après, Hoffmann la chantait aux Variétés et consacrait sa popularité.

Sous ce titre collectif, les *Paysans*, il a composé cinq chansons : la *Fête du village*, le *Braconnier*, la *Musette neuve*, le *Chien du berger*, les *Louis d'or*, cet inimitable chef-d'œuvre, la note la plus vraie, la plus élevée de ce talent, qui dans un langage pittoresque, sous une apparente naïveté, cachait une

finesse que Béranger lui-même ne put jamais complètement atteindre.

Il est inutile de s'arrêter à ses couplets politiques :
Chant des nations, *Chant du vote*, *Chant des soldats*,
Chant des transportés, où il frise la médiocrité.

Il commit une faute en les écrivant. Ces productions eurent pour résultat de le compromettre au
2 décembre et de lui valoir une condamnation à sept
ans d'exil à Lambessa. Il fut peu après gracié, on
comprit qu'il avait été grisé par les théories suspectes de l'époque, mais qu'au fond, il ne comprenait
(ce qui n'était pas dangereux) le socialisme qu'avec
son grand cœur d'enfant, et son insouciance de poète
franchement humanitaire.

L'œuvre de Dupont, malgré certaines imperfections, restera populaire. Faut-il citer enfin, parmi ses productions les plus remarquables : *Les
Sapins*, le *Mois de Mai*, la *Chanson des foins*, le
Renouveau, le *Noël des Paysans*, couplets charmants de simplicité villageoise, où la mélodie atteint
à la fois des tonalités étranges et des rhythmes
d'une ampleur magistrale. (1)

Vers 1853, il retournait en province, continuer ses
travaux, luttant de loin en loin contre la gêne, après
avoir trop largement escompté les résultats financiers de ses premiers succès. Au physique, c'était un
grand et solide gaillard, un peu gauche dans le

(1) *Œuvres de Pierre Dupont*, paroles et musique. Houssiaux, Paris, 1854,
vol. in-8°.

geste, à l'air provincial, d'une santé robuste, la barbe rougeâtre, la poitrine large comme un Hercule, buvant fort sans jamais se griser. Ne trouve-t-on pas dans les pages qui précèdent, nombre de points de ressemblance avec la physionomie, que je me suis imposé le devoir de faire connaitre, non pas seulement dans les grandes lignes, mais aussi dans ses détails les plus intimes et dans ce qu'il peut y avoir de commun entre ces deux bohèmes d'esprit. (1)

Notre Forézien fut enchanté de l'accueil de Dupont, il en profita largement. Nous verrons tout à l'heure, qu'à l'exemple de son compatriote saluant de ses vers le baptême du comte de Paris, il consacrait sa première poésie sérieuse, à célébrer la naissance du fils de Napoléon III.

En 1858, il était à Lyon, rédacteur estimé, mais peu appointé, au *Progrès industriel*, journal politique hebdomadaire, qui précéda de peu de temps le *Progrès de Lyon* feuille quotidienne, fondée en décembre 1859 par l'imprimeur Chanoine. Il n'y faisait point de politique, nous savons que ce genre n'était point dans ses cordes, mais il y publiait avec une incontestable autorité des articles archéologiques sur les principaux monuments de Lyon (2).

Il était en rapport avec tous les écrivains de cette ville qui s'occupaient de travaux historiques, et c'est de cette époque que datent ses relations

1) Charles Baudelaire, *Études sur Pierre Dupont.*

(2) *Guide Descriptif monumental et industriel de la ville de Lyon et ses environs,* Chambert aîné, 1 vol, in-12, Lyon, 1860.

amicales avec M. Steyert, qui le tenait en haute
estime, et dont il fut, m'a-t-on assuré, le collaborateur en plusieurs circonstances.

Il avait loué sur la place des Terreaux, tout auprès
de sa famille, en face le Palais des Arts, un petit
logement au sixième étage, composé d'une grande
pièce mansardée et d'une terrasse. Il y recevait ses
nombreux amis, pauvres comme lui, mais riches
d'espérances, qui avaient d'incroyables souplesses
d'imagination pour se procurer le peu d'argent nécessaire à la vie quotidienne. Je grimpais fréquemment
les 120 marches qui conduisaient au cénacle, où l'on
se réunissait le soir pour causer, tuer le temps, rire
des évènements, se bercer de rèves, sans se plaindre
des amertumes essuyées. Cette chambre était originale
en Diable, mon ami y avait réuni tous les objets
rapportés de ses voyages, bibelots intéressants ou
sans valeur. Les murs étaient tapissés de caricatures
de Daumier et de nombreux dessins originaux de
Gavarni. On y trouvait le chapeau de feutre gris aux
larges bords si fort à la mode à cette époque, une
vieille guitare qui n'avait plus de cordes, un costume vieilli de bal masqué, une pendule boiteuse
qui ne disait jamais l'heure, enfin une vraie tête de
mort dérobée dans quelque amphithéâtre. Vers dix
heures nous allions place des Célestins, boire des
bocks à l'œil, au café d'Apollon je crois, où Sixte
Delorme, un des hôtes les plus assidus de céans,
faisait chanter ses spirituelles chansons par des
femmes en jupon court, à la gorge maculée de rose

artistes sans valeur trônant dans cet estaminet, où l'odeur de l'alcool vous montait aux narines et qui puait la fumée de la pipe. Mais cette vie ne tarda pas à le lasser ; L'amour de la famille ne suffisait pas à cet esprit inquisiteur, curieux, qui aurait souhaité vivre double pour tout voir, tout apprendre, et augmenter la somme des documents dont il aurait plus tard à faire usage.

Il revint à Montbrison, s'installa chez ses tantes Gaingard, et obtint facilement l'entrée de la bibliothèque de la ville, où il receuillit de précieux renseignements, tout en préparant un catalogue général des manuscrits et autres livres, qu'il avait à sa disposition.

Il était alors question d'un projet qui devait, peu de temps après devenir une réalité. M. de Persigny avait manifesté l'intention d'acquérir le vieil immeuble, situé derrière l'église Notre-Dame, et que l'on appelait la Diana, mais il avait à lutter contre les résistances de la propriétaire, Mme Chapuy. Gras pressentit sans doute que sa place était marquée, et qu'il devait être un jour l'un des membres les plus actifs, les plus laborieux et les plus entendus de la société qu'il se proposait de fonder.

A la fin de l'année 1861, M. de Paint-Sulgent, alors maire de Montbrison, était bombardé préfet de l'Ain. Il proposa au jeune archéologue de le suivre à Bourg. Ce fut la dernière, et la plus courte de ses étapes.

Le nouveau fonctionnaire de l'Empire ne se mépre-

nait en aucune façon sur la valeur de son protégé
comme rond de cuir, mais il désirait le mettre à l'abri
du besoin, et le préparer par ce noviciat adminis-
tratif, aux fonctions plus importantes qu'il lui destinait d'avance dans sa pensée.

Peu de mois après, il était appelé à Montbrison
pour remplir l'emploi d'archiviste de la Diana, auquel
il ajoutait le titre de secrétaire, après le départ de
M. Majoux.

Gras revenait la bourse très plate, le cœur gros
d'espérances, dans la petite ville qu'il ne devait
plus quitter. Toujours vêtu d'un complet gris à carreaux, il paraissait soucieux, rêveur, marchant la
tête basse, suivant les préoccupations du moment.
Aussi le public ne comprenait-il rien à l'allure mys-
térieuse de ce petit homme, et l'avait-il surnommé
le *Chercheur de cailloux*.

CHAPITRE IV

POÈTE - DESSINATEUR

On assure que la peinture et la poésie sont sœurs.

P. Gras les aima toutes deux, mais garda ses préférences et ses plus chères tendresses pour la première de ces deux artistiques charmeuses. Il ne s'est, du reste, montré supérieur dans aucun de ces arts ; de rares productions accusent souvent, chez lui, une faiblesse impardonnable. Il est poète par tempérament il se souvient des chants entendus au berceau, obéit à l'inspiration soudaine, s'envole dans le nuage, mais ses forces le trahissent. Bientôt, son aile se fatigue, et il tombe avant d'avoir atteint les sommets du Parnasse.

Par contre, il est dessinateur, il a senti que le
dessin rentre mieux dans son caractère. Il dessinera
donc par raison, il augmentera ainsi très utilement,
ses travaux archéologiques; son album ne doit pas
être seulement un répertoire de notes historiques, de
réflexions arides, il importe qu'il soit un recueil
de croquis de toute nature: paysages, châteaux-forts,
sculptures, blasons, inscriptions diverses, destinés
à compléter les documents écrits.

Aussi, ne faut-il point s'étonner que, malgré sa
juste admiration pour les grands poètes de ce siècle,
il ait résolument suspendu sa lyre à quelque porte-
manteau de l'hôtel Gaingard, pour prendre le crayon
qui pouvait mieux le servir. Peintre, il ne l'a jamais
été. Il a brossé par accident, quelques tablotins,
scènes de nature morte ou d'intérieur. Mais l'imagination lui fait défaut : il esquisse une idée, sans
atteindre dans sa reproduction la médiocrité du plus
modeste rapin.

Nous devons toutefois l'étudier sous ces deux
aspects différents. Une étude de quelques lignes ne
sera point sans intérêt pour les personnes qui l'ont
connu et ne l'auraient certainement pas deviné sous
ce point de vue essentiellement artistique.

Ceci expliquera pourquoi il s'était donné le titre de
poète-dessinateur.

Poète, direz-vous ! Oui, Gras fut poète, non sans
quelque mérite, et aucun de ceux qui, depuis sa mort,
se sont occupé de lui, n'ont parlé de ce côté typique
de sa physionomie.

Je ne sache pas, du reste, qu'il ait publié le plus modeste recueil de poésies.

Ces chants, écrits suivant les circonstances imprévues de son existence mouvementée, qu'il ne cherchait pas, ainsi que je le disais il y a un instant, qu'il écrivait au courant de la plume, sans les polir suffisamment, produits de l'exaltation passagère d'une imagination mal équilibrée, n'étaient pas assez sérieux, travaillés, ciselés, à son avis, pour mériter de voir le jour.

On a dû trouver dans les papiers qu'il a laissés à sa mort, de nombreux essais poétiques : cris de joie ou de tristesse, dont on a pensé que la publication serait inutile, attendu qu'elle n'ajouterait rien à la valeur de l'archéologue.

Les quelques œuvres de ce Forézien valent cependant la peine d'être connues; elles le complètent, consacrent son talent, et mettent à jour les facultés diverses dont son esprit était doué.

Je possède trois pièces de vers autographes, les seules qu'il ait écrites. Je ne veux pas que l'on me taxe d'égoïsme, et que l'on m'accuse d'avoir gardé pour moi des documents qui peuvent intéresser le pays. Je vais donc les publier.

La première de ces poésies légères est datée de 1855. Le lecteur y reconnaîtra, sans nul doute, une délicate allusion aux tristesses qu'éprouvait alors l'auteur de ces pages.

C'est une simple complainte, partie tout d'un coup dans une heure d'expansion, comme une gerbe abondante de feu d'artifice, qui jaillit de la pensée sans effort, sans recherches pénibles, sérieuse, grivoise, et morale en même temps.

A MON AMI A. DAVID

COMPLAINTE

Air : de *Fualdès*

I

Nous étions cinq acrobates :
Arthur, notre président,
Albert et son frère Alban,
Georges, aux fortes omoplates,
Et moi, votre serviteur,
   Poëte, dessinateur.

II

Nous errions mélancoliques ;
Nos chiens donnaient de la voix,
En poursuivant dans les bois,
Les sangliers domestiques,
Issus du fameux cochon,
D'un saint dont on sait le nom.

III

Georges, à travers le feuillage,
Nous fit voir son noir manoir,
Puis à venir nous asseoir,
Manger du pain, du fromage,
Poliment nous invita,
Poliment on accepta.

IV

Sous une tonne future,
Nous vinmes nous attabler.
Là l'on se mit à parler,
De mainte et mainte aventure,
Une meule de moulin,
Fut la table du festin.

V

Une Vénus aux doigts roses,
Nous servit en rougissant,
Ici l'on peut en passant
Dire de fort belles choses,
Entr'autres choses son nom,
Etait Suzanne-Toinon.

VI

Quand je vis son frais visage,
Quand je vis son œil mutin,
Quand je vis le pain, le vin,
Le saucisson, le fromage,
Ah ! je lui dis, mais va-t'en,
Va-t'en voir s'ils viennent Jean !

VII

La farouche damoiselle,
Soudain nous tourna le dos,
Prompte comme deux oiseaux,
Elle fuit dans la tourelle,
Et nous clot la porte au nez,
Nous laissant fort étonnés.

VIII

Mais l'un de nous sous l'ogive,
Vit son profil ravissant,
Albert et moi saisissant
Notre guitare plaintive,
Nous glissons le long du mur ;
Or toujours mangeait Arthur.

IX

Alors par des traits de flamme,
Avec accompagnement,
Nous lui peignons le tourment
Qui faisait souffrir notre âme.
Nous lui disons notre amour,
Mais Arthur mangeait toujour.

X

Cette créature altière,
Sa langue alors nous fit voir,
Nous jetons de désespoir,
La guitare à la rivière,
Plaignant notre triste sort ;
Maître Arthur mangeait encor.

XI

Mais Toinon, non satisfaite,
Un instant s'éloigne et puis,
D'un pot d'eau sortant du puits,
Vint nous arroser la tête,
Et nous fait en ce moment
Rentrer notre compliment.

XII

La morale de l'histoire,
C'est que de l'eau, de l'air pur,
L'amour, n'est-ce pas Arthur,
Ne peut vivre, c'est notoire :
Et *secundo*, que souvent
Petite pluie abat grand vent.

L.-PIERRE GRAS.

Montbrison, Septembre 1855

De ces cinq joyeux acrobates, trois ne sont plus :
Georges le meunier parti tout d'abord, après lui,
Gras le poète; au mois de mars 1887, Albert
Durand, qui ne voulut jamais être qu'un joyeux
viveur, un camarade serviable, adorant la musique et
sacrifiant au dieu Cambrinus. En trois mots se résume
toute l'existence de cet ami : *Chanter, rire et boire.*

Les deux derniers regrettent aujourd'hui les
disparus; Alban Durand, sérieux longtemps avant
l'âge, occupe, grâce à une haute influence, qui pendant
quelques mois put servir ses amis, la position de
juge au Tribunal de Montbrison. Il jouit de l'estime
publique, et continue pieusement les traditions d'honneur et d'intégrité, que lui a léguées son père, qui
remplissait les mêmes fonctions.

Quant à moi, j'ai l'avantage fort enviable d'être

resté encore debout, pour rendre hommage à ceux que j'ai aimés.

Beaucoup de gens qui ne l'ont jamais su, ou l'ont sans doute oublié, seront assurément surpris d'apprendre que notre poète composa, à l'occasion de la naissance du Prince Impérial, une ode qu'il a transcrite de sa main sur mon album.

Il n'était point cependant dans sa nature timide de s'occuper de politique. Sans opinions bien définies, courbant l'échine devant l'idole du jour, comme la girouette tourne au vent, il se préoccupait peu, malgré son amour sincère de la patrie, des idées discutables de l'époque, et des luttes parlementaires, qu'il comparait plaisamment à nos jeux d'enfants.

On lui avait bien jadis parlé d'Henri V, on nous avait offert à chacun, chez le père Lafond, une petite médaille d'argent du fils du duc de Berry, que nous conservâmes longtemps comme un talisman, attachée à la chaîne de notre montre. Mais c'était tout. Au fond, il était d'un libéralisme qui parfois m'effrayait. Il ne comprenait qu'une chose au monde, la liberté de vivre à sa guise, d'écrire à son heure, de rire, de dessiner, se moquant des hommes et des événements. Il avait besoin du grand air, comme le poisson de l'eau ; il adorait la vaste plaine du Forez, la campagne, les bois, les ruines, au milieu desquelles il semblait avoir de mystérieux colloques, sans autre préoccupation que de reconstituer le mieux possible l'histoire du passé. Il devinait les ambitions qui commençaient à se dessiner timidement, ou s'agitaient, bruyantes, sans écho, et ce bohême incrédule n'avait, comme on l'a deviné, qu'une estime médiocre et bien méritée, pour les chercheurs de renommée qui aspiraient à remplir un rôle dans l'état, en se croyant nécessaires au bonheur du peuple, dont au fond ils se souciaient, comme de leur premier faux col.

Pourquoi alors a-t-il écrit ces strophes? Sans doute pour imiter son père, recevoir une tabatière d'or, ou trente-trois écus sonnants, faire un peu de bruit autour de son nom, se créer une situation modeste. Mais, comme Dupont, qu'il eut le tort d'imiter, il les a composées sans conviction profonde, sans attachement réfléchi au régime de cette époque.

AU FILS DE FRANCE

I

L'Eglise est en prière, et la foule accourue,
Aux grilles du palais incessamment accrue,
Inquiète, du Ciel attend la volonté !
Et les femmes tout bas murmurent : pauvre Mère !
Dans leur âme songeant quelle douleur amère
Le bonheur de ce peuple, hélas ! aura coûté.

II

Heureuse mère aussi ! vous songez à la France
Qui sur vous a placé toute son espérance.

Pour votre cœur français, c'est un bien doux moment.
Soulevez vos rideaux, ô noble souveraine ;
Au seuil de ce palais où son amour l'entraîne,
D'un peuple tout entier voyez l'empressement !

III

Enfin le jour a lui : là-bas aux Invalides
Les vieux canons rouillés venus des Pyramides
Ont redit aux échos : *Un enfant nous est né !*
La France tressaillant d'une orgueilleuse ivresse
A poussé vers le ciel un long cri d'allégresse
Pour remercier Dieu, les cloches ont sonné !

IV

Le voilà, cet enfant d'origine éternelle
Blotti comme un oiseau dans la main paternelle...
Tout ce bruit qu'il entend lui cause un peu d'effroi,
Et sans savoir encor pourquoi son cœur palpite
Il tend ses petits bras, il regarde, il hésite !
Il sourit : C'est un ange. Il pleure... Il sera roi !

V

Ah ! souris seulement. Ah ! souris-nous encore
C'est ton peuple, vois-tu ! ton peuple qui t'adore,
Et ne peut renvoyer ses transports à demain.
Un peuple de héros, qui pleins de noble envie,
Aux bouches des canons iraient jeter leur vie
Pour un baiser donné par ta petite main.

VI

Ah ! souris seulement. Peut-être un jour ton père
T'apprendra noble enfant, qu'il est sur cette terre

De pauvres exilés sous un ciel inconnu,
Qui vont cherchant longtemps où reposer leur tête,
Mais que le Dieu puissant qui calme la tempête
Appelle par leur nom, quand son jour est venu !

VII

Ta mère te dira, leçon sainte et durable,
Qu'il faut tendre au malheur une main secourable,
Préparer au vieillard une place au soleil,
Qu'il faut à l'orphelin que le monde repousse
Contre le froid des nuits faire un lit dans la mousse,
· Si tu veux voir le ciel, enfant dans ton sommeil.

VIII

Et nous, nous te dirons, héritier de nos gloires,
Les vertus de ton père et ses nobles victoires :
Un temple à l'Industrie, en six mois élevé ;
Les méchants terrassés ; l'aigle de la Crimée
Sur son aile, apportant pour lui la renommée,
Enfin la paix au monde, et le Louvre achevé.

IX

Ces trois voix instruiront ainsi le fils de France,
Jouis en attendant de ta douce ignorance :
Ignorance et bonheur portent le même sceau !
Sommeille doucement, sommeille sous tes langes,
Écoutant dans la nuit les doux concerts des anges,
Des anges du bon Dieu penchés sur ton berceau !...

                                        P.-L. GRAS, de M.

Mars 1856.

Dans ces alexandrins savamment alignés, où la rime est toujours riche, la pensée exactement rendue, on remarquera un ton solennel, parfois prétentieux, quelque chose de forcé dans l'éloge, qui semble ne convenir que bien peu à l'esprit grivois du poète, et contraste étrangement avec la pièce suivante pleine de gaieté, d'humour, d'entrain, de finesse, de sous-entendus délicats, qui sont le propre des faiseurs de vers exercés de ce siècle.

Je ne saurais dire comment il fit la connaissance de M. Alphonse Bourru, voyageur de commerce, auquel cette bleuette est dédiée. Ce fut sans doute dans une de ses excursions à Boën. Mais quelle que soit la circonstance de leur rencontre, elle nous a valu une charmante poésie que tout le monde lira avec plaisir, et qui dénote combien le genre léger lui eût mieux convenu.

A MONSIEUR ALPHONSE BOURRU

(QUI NE L'EST QUE DE NOM)

I

Il est beau de chanter les gloires
Dont notre pays s'illustra
Mais parmi toutes nos victoires,
La plus célèbre est Magenta.

II

Un jeune Français court de taille,
Mais rempli d'ardeur nous jura,
Qu'il gagnerait seul la bataille
La bataille de Magenta.

III

Ce grand combat n'a tué personne,
Peut-être même l'on verra
Quelqu'un.... Ah! cela vous étonne
Devoir le jour à Magenta.

IV

C'est qu'une jeune Parisienne
De son sourire l'enchanta,
Et vous saurez que la sirène
Ici se nomme Magenta.

V

Un beau jour son père peu sage
A Boën-sur-Lignon l'amena,
Un âne formait l'équipage
L'équipage de Magenta.

VI

Vite Alphonse offre son carosse,
Son cœur, sa bourse, et cœtera;
Et son cheval qui n'est pas rosse
Pour reconduire Magenta.

VII

Les gens se mirent sur leur porte
En se disant, tiens, celui-là
Va tenter, le diable m'emporte !
La conquête de Magenta.

VIII

Je ne sais pas si la voiture,
Dans un fossé les culbuta
Mais la terre est-elle trop dure
Quand on veut prendre Magenta.

IX

Quand il revint de sa campagne,
Chacun lui dit : Ah te voilà !
Qu'as-tu donc fait de ta compagne,
Qu'as-tu donc fait de Magenta ?

X

Alors d'une voix enrhumée
Il nous dit : Amis, laissons ça
La gloire n'est qu'une fumée,
Ne parlons plus de Magenta.

XI

Pour en conserver la mémoire
L'auteur soussigné vous chanta
Amis la malheureuse gloire
Du conquérant de Magenta.

L. P. GRAS.

Bonn-sur-Lignon, 9 juin 1861,

A cette époque, il avait pour émule, je pourrais dire pour rival heureux, notre ami commun, jeune comme nous, Sixte Delorme, le joyeux *Parchemin* de la classe de rhétorique.

Il était né le 20 février 1837 à Boën-sur-Lignon.

En quittant le petit séminaire de Montbrison, il vint chercher fortune à Lyon, qu'il habita pendant quelques années.

C'était l'hôte le plus assidu de ce que nous appelions pompeusement : notre *Salon de la place des Terreaux*, où se passaient fort gaiement les longues soirées d'hiver. Il arrivait à Paris en 1867, et se mettait courageusement à l'œuvre. Il a écrit dans un grand nombre de journaux, notamment au *Paris*, au *Petit Moniteur*, à la *Petite Presse*, etc.

J'ai appris, il y a quelques mois seulement, qu'après avoir publié de nombreux romans et des milliers de chroniques, il s'était retiré à Clamart (Seine), où il s'occupe d'études littéraires et de travaux historiques.

Il a eu l'excellente pensée de renoncer, le moment venu, aux sottes illusions de la jeunesse et à la poésie où il n'était pas un apprenti. Il vit dans son intérieur comme un véritable philosophe, en homme fixé sur la bêtise humaine, sans s'inquiéter des événements du dehors qui le laissent indifférent, et ne sauraient une minute troubler ses laborieuses occupations.

Je ne puis malgré tout, au risque de blesser la modestie de mon vieux camarade, me dispenser de reproduire les deux pièces de vers qui suivent.

Elles donneront, à coup sûr, la note exacte de cet

esprit étrange qui, certainement, ne comprit pas lui-
même, les facultés heureuses dont il était doué.

L'HOMME SANS CŒUR

A mon ami A. David

I

Ouvre ta porte ! Ouvre sans peur,
Je suis sans armes, vois... je pleure !
Je viens te demander mon cœur
Que j'ai laissé dans ta demeure.
Tu l'as mis sans doute au grenier
Où déjà, depuis l'an dernier,
Se morfondait le cœur d'un autre.
Hélas ! quel amour est le nôtre...
Ridé comme les parchemins
Où moisit l'orgueil du vieux monde !
J'ai mis mon cœur entre tes mains
Qu'en as-tu fait ?... ma blonde ?...

II

Le vieux soldat, blessé, perclus
Et mutilé par la bataille,
Même dans un bras qu'il n'a plus
Sent parfois frémir la mitraille !...
Les nerfs coupés souffrent souvent
Les jours de pluie et de grand vent,
Ce que leur fit souffrir la balle,
Ainsi la blessure fatale

S'ouvre au cœur, qui par tes chemins
Resta dans l'ornière profonde !
J'ai mis mon cœur entre tes mains
Qu'en as-tu fait ?... ma blonde ?...

III

Ainsi de moi-même arraché,
Par toi ramassé sur la route,
Au galant étal accroché,
Je le sens saigner goutte à goutte !
Expirant ou mort, rends-le moi !...
Mais non, je le laisse chez toi,
Sous tes griffes roses que j'aime.
Chaque coup d'ongle est un poème !
Le bonheur enfante des nains...
Et la douleur seule est féconde !
J'ai mis mon cœur entre tes mains :
— Qu'en as-tu fait ?... ma blonde ?...

SIXTE DELORME.

Montbrison, 8 octobre 1865.

LA VIERGE ET LE FAUNE

A mon ami P. Gras

Maïus ! Maïus ! Maïus !... dans les prés, dans les bois,
Promène lentement tes chaudes rêveries !
Aspire les parfums qui montent des prairies !...
Bois à longs traits, Fausta !... C'est l'amour que tu bois !

— Pour quel front tresses-tu le myrthe et le cythise ?
Quel beau pasteur attend sous les chênes ombreux ?
Quelles mains, écartant les taillis ténébreux
Te livrent aux regards noyés de convoitise ?

Où je vais ? Je ne sais... où l'amour me conduit,
Qui m'attend ? l'inconnu, l'innommé, l'impalpable,
Qui de l'aube à Vesper me poursuit implacable
Et fait ma gorge en feu palpiter dans ma nuit !

C'est lui !... sous les rameaux sacrés de ce vieil arbre,
Vois sa forte poitrine et son front radieux !
Va ! tu peux sans rougir sacrifier aux Dieux,
O Fausta ! tu n'étreins que le faune de marbre.

O Folie ! enlaçant à ce marbre sans cœur
Tes beaux bras, et pressant sa hanche de ta hanche
Sous ta bouche tu fais brûler la bouche blanche
Qu'entr'ouvrit si longtemps le sourire moqueur !

Dieu ! le faune a frémi sous son berceau de lierre !
Au front marmoréen le sang a bouillonné,
Et le baiser lascif par ta lèvre donné,
Fausta, souffle l'amour à la lèvre de pierre !

SIXTE DELORME.

Octobre 1866.

　　Théophile Col, serait sans doute, froissé d'un oubli.
qu'il ne mérite pas, et je n'ai aucune raison de dés-
obliger, surtout s'il vit encore, cet excellent condisciple, qui se crut un poète méconnu, écrivit à Lamar-

tine, qui daigna lui répondre, et publia en 1860 un petit volume en vers (1) où l'on pourrait lire, page 41, l'ode qu'il me dédiait : *Chant de l'amitié*. Il était frère de M. Col, qui avait épousé Mlle Emma Perret, et qui est mort depuis de très longues années, percepteur de Verrières.

Je pense avoir dit précédemment que, tout en les prenant pour modèles, Gras avait la plus vive admiration pour nos poètes modernes. Il connaissait à fond les *Orientales*, les *Feuilles d'Automne*, les *Chants du crépuscule*, de Victor Hugo, le poète géant; il récitait par cœur *Rolla*, de Musset, le chantre aimé des femmes, le peintre inimitable des sentiments délicats; il adorait Lamartine, que la muse abandonna le jour où il voulut devenir politicien, et dans un autre genre, Béranger, qui avait inspiré son père, enfin Pierre Dupont dont il restait toujours épris.

Son admiration se doublait de respect et de profonde reconnaissance, quand on prononçait devant lui le nom de M. de Laprade.

Il se souvenait du bienveillant accueil que lui avait fait le poète montbrisonnais, dont la grande figure a bien droit à quelques lignes dans ces Biographies foréziennes.

Cette tâche m'est rendue bien facile.

M. le Chanoine James Condamin a écrit un livre

(1) *Fleurs de jeunesse*. — Poésies légères, par Théophile Col, Saint-Etienne, Montagny, 1860, in-12.

intéressant, consciencieux, fort remarquable sur M. Victor de Laprade. (1)

L'auteur s'est identifié avec passion à son sujet, on sent qu'il a fait sur lui les plus minutieuses études, il suit pas à pas notre poète forézien à travers sa carrière littéraire, il ne reste pas un coin de cette existence si bien remplie dont il ne découvre au lecteur les moindres incidents.

Dans un style concis, souvent élégant, toujours irréprochable, il énumère les qualités de l'homme privé, apprécie à sa vraie valeur le talent de l'écrivain, fait ressortir l'étendue de son œuvre, et juge, en fin lettré, les travaux poétiques du savant académicien, dont il cite les plus remarquables productions.

On se sent l'esprit reposé, le cœur grandi à la lecture de ces pages réconfortantes, dans un siècle de naturalisme, de littérature équivoque et décadente, où les écrivains, plus soucieux d'arrondir leur fortune que d'augmenter leur réputation, semblent prendre plaisir à abaisser le niveau des intelligences, en offrant au public l'appât de dangereuses jouissances, et de curiosités malsaines.

On vient d'inaugurer le 17 juin 1888, au jardin d'Allard, la statue en bronze élevée par souscription publique au grand poète. C'est l'œuvre d'un compatriote, le statuaire Bonnassieux, membre de l'Ins-

______

(1) *La Vie et les Œuvres de V. de Laprade*, par l'abbé James Condamin 1 vol. in 8°, Lyon 1880.

titut, un des plus illustres représentants de l'École
contemporaine.

Cette statue mesure environ deux mètres cinquante de hauteur. Elle repose sur un piédestal de
fin granit, provenant des carrières de Saint-Cyr-les-
Vignes, sur lequel est gravée l'inscription qui suit :

A VICTOR DE LAPRADE

De l'Académie Française

1812-1883

SES CONCITOYENS — SES AMIS

SES ADMIRATEURS

Le poète est debout près d'une colonne, la tête nue,
les jambes croisées. Il tient de la main droite un
crayon, et de la gauche un feuillet de papier où il s'ap-
prête à fixer quelque nouvelle inspiration. Il semble
difficile de rendre plus heureusement le regard méditatif, et l'ensemble de la physionomie, du séduisant
auteur de *Psyché*, d'*Hermia*, de *Pernette*, etc.

Pour cette circonstance, la ville de Montbrison
était en fête. Les personnalités de haute marque du
pays s'y étaient donné rendez-vous; la population
des environs était accourue nombreuse, autant peut-
être pour s'associer à cet imposant hommage rendu à
l'un de ses enfants, que pour voir et entendre
M. François Coppée, grand poète lui-même qui a écrit
le *Passant*, la *Grève des Forgerons*, la *Marchande*

7.

de Journaux, etc., délégué par l'Académie Française; et contempler l'habit aux riches broderies vertes des *Immortels*.

A cette occasion, on a banqueté, longuement bavardé, et tous ceux qui avaient quelque autorité pour le faire, ont pu placer leur petit speech en prose ou en vers (1).

M. le Vicomte de Meaux, à la fin du banquet qui a précédé la cérémonie, a pontifié devant l'Arche Sainte de la Diana, et entonné le solennel *Alleluia* auquel les *Dianistes* présents ont répondu avec enthousiasme.

Dans ce toast, qui sort entièrement du genre spécial à ces sortes d'improvisations après boire, on sent le discours éloquent, étudié avec soin, visant à l'esprit, ciselé, préparé de longue main, d'un récipiendaire à l'Académie. On débute, sous la coupole de l'Institut, et un instant après, on est tout surpris de se retrouver simplement sous le plafond héraldique de la salle de la Diana.

Les paroles de la fin sont moins heureuses... Il y a des confidences naïves qui laissent perplexe, une causerie par trop intime, qui n'auraient dû trouver place que dans une assemblée ordinaire de la société.

Il semble, en effet, superflu de souhaiter longue vie à des gens qui ne demandent qu'à bien se porter, — cet appel au zèle du trésorier pour le recouvre-

_____

(1) Supplément au *Journal de Montbrison* du 24 juin 1888.

ment des cotisations, ces compliments flatteurs à
l'adresse de tous les membres du bureau sont typi-
ques, — c'est la note caractéristique de l'esprit de
cette compagnie.

De tout ce qui s'est dépensé dans ce jour, de vaine
phraséologie, de périodes creuses et sonores, de lieux
communs, de clichés cent fois reproduits, il ne
faut retenir que les quelques mots dits avec beaucoup de tact et d'à-propos, par M. Chialvo, adjoint
au Maire, qui représentait la Municipalité; les paroles
émues de M. Paul de Laprade, remerciant au nom de
sa famille et de ses frères, les Montbrisonnais du
grand honneur fait à leur père, enfin le remarquable
discours de Coppée.

L'orateur a dû produire sur les assistants une immense impression, quand il a fait cette heureuse com-
paraison au sujet de son prédécesseur à l'Académie,
qui a attendu cinq ans seulement, une glorification
souvent plus tardive pour un grand nombre.

« Le grand chêne avait d'abord exhalé vers le ciel,
» comme un hymne et comme un encens, les murmu-
» res et les parfums de son âme végétale; mais, plus
» tard, des orages ont agité ses branches sombres,
» les oiseaux l'ont peuplé de nids frémissants et l'ont
» empli d'esquises chansons. »

C'est surtout en finissant qu'il a soulevé l'enthousiasme de ses auditeurs, quand il a prononcé les paroles suivantes, empreintes d'une profonde philosophie et frappantes de vérité.

« Tel marbre hautain n'a joui que d'un triomphe

» provisoire; plus d'un bronze pompeux retournera
» tôt ou tard à la fonte. Mais, le poète que voici res-
» tera debout sur son piédestal, protégé par le pieux
» et légitime orgueil de ses concitoyens et par le res-
» pect de tous.

   » Cette statue durera, car elle est méritée ; et il y a
» dans son métal des éléments autrement précieux
» que l'or et l'argent mêlés à l'airain de Corinthe : il
» y a de l'idéal et de la vertu ! . . . . »

. . . .

Je reviens de nouveau à mon sujet. Je ne crois pas
être blâmable de cette courte digression dans le domaine de l'actualité.

Ce livre ne peut qu'y gagner en intérêt.

C'était aussi pour moi un devoir, de m'associer à
cette imposante manifestation de sympathie en faveur d'un homme, que j'ai particulièrement connu.

Voyons maintenant si P. Gras méritait bien la
qualification de dessinateur qu'il s'était octroyée lui-
même, dans un de ces moments de vanité irréfléchie,
comme je lui en ai tant connus. Dessinateur dans le
vrai sens du mot, il ne l'a jamais été. J'ajoute qu'il
n'y avait pas en lui l'étoffe d'un artiste véritable. Il
n'a point compris la correction de la ligne, s'il savait
imiter ou servilement copier un modèle, il était incapable de composer un sujet. — A ce point de vue,
son talent est des plus contestables. Il n'a laissé que
quelques dessins fantaisistes, des vues de châteaux
en ruines, des reproductions de gravures anciennes,

de sceaux du moyen âge, la copie d'armoiries ou
d'inscriptions qu'on rencontre si souvent dans les
vieux manoirs féodaux, qui sous l'action du temps
s'effritent miette à miette.

Au séminaire il faisait le désespoir de notre professeur de dessin, qui à cette époque paraissait près d'atteindre la soixantaine. Nul ne connaissait exactement
l'histoire de ce brave homme, ami du devoir et victime
de la destinée. D'où venait-il ? Qu'avait-il été ? Nous
ne le sûmes jamais. Sous sa grande redingote soigneusement boutonnée pour cacher les vêtements
fripés du dessous, il ressemblait à un prêtre habillé
en civil, ou plutôt à un ancien militaire. M. Populus
qui sentait la pipe à une lieue, souvenir peut-être
de la vie de garnison, n'était pas très fort, mais
c'était un maître consciencieux, un admirateur pas-
sionné du peintre Louis David.

Il n'aimait que la grande peinture, les sujets acadé-
miques, et les scènes historiques si admirablement
rendues par l'inimitable artiste du premier empire.

Adrien Biscornet, qui appartenait alors à une des
classes supérieures, était de tous ses élèves celui
qu'il préférait.

Déjà jeune homme, alors que nous aspirions à le
devenir, mince, de taille moyenne, il avait de longs
cheveux d'un beau blond cendré qu'il portait constamment rejetés en arrière, et qui donnaient à sa
pâle physionomie quelque chose de séduisant et d'artistique.

Il aimait avec passion le dessin, et négligeait sou-

vent ses devoirs de classe, pour se livrer à son goût
favori. Mon album renferme une vingtaine de croquis datant de cette époque, dont deux dessins à la
plume fort réussis, qui représentent des types bien
connus du roman des *Mohicans*.

Biscornet a suivi la loi commune. Il est marié et
pharmacien au Monastier (Haute-Loire), qu'il habite
depuis vingt-huit ans. Malgré ses nombreuses occupations, il est demeuré l'artiste d'autrefois. Entre la
rhubarbe et le séné, quand sa clientèle lui laisse quelques loisirs, il reprend son crayon et fait des pocha-
des pleines de finesse et d'originalité.

J'ai eu le plaisir, il y a quelques mois, de renouer
d'amicales relations avec ce vieux camarade de ma
première jeunesse, qui a bien voulu m'adresser les
illustrations qui figurent dans cet ouvrage et qui seront justement remarquées.

Gras, je l'ai dit, désespérait le maître, en méprisant les modèles antiques qu'il nous donnait
à reproduire au crayon Conté. Il ne comprenait guère la Vénus antique, l'Apollon du Belvédère,
la Diane de Gabie. Ces guerriers de Rome ou d'Athè-
nes, coiffés de larges casques, aux panaches flottants,
lui faisaient l'effet de pompiers d'un village.

Aussi, n'obtint-t-il que des succès relatifs dans
ce genre spécial. Il préférait le paysage, l'indécis, le
nuageux ; il lui était plus agréable de représenter une
maisonnette sous de grands arbres, ou un cours d'eau
miroitant à l'ombre des aunes feuillus. Il en était
venu à ce point, de s'oublier pendant le cours, jusqu'à

PAGE ET DAMOISELLE

(D'après une aquarelle de P. Gras.)

tracer un blason sur le nez d'un soldat grec, ou crayonner une couronne murale sur le front d'une jeune vierge.

Au nombre des quelques esquisses qu'il m'a laissées, je possède une charmante aquarelle absolument inconnue, qui me rappelle un des faits à la fois les plus saillants et les plus douloureux de ma vie. Ce fut, il y a plus de trente ans, une consolation, un gage d'amitié ; c'est aujourd'hui un souvenir, une relique que je conserve religieusement.

Qu'on me pardonne cet instant de retour sur le passé, sur un rêve qui a trop peu duré, sur une affection d'une pureté que les âmes grossières ne sauraient comprendre. Je garde pour moi le secret du nom de cette aimable jeune fille, dont la vue, un soir d'octobre, décida de mon avenir, et fit subitement écrouler mes résolutions et les projets de ma famille.

Pourquoi, y a-t-il donc ici-bas d'absurdes préjugés de caste ? Pourquoi l'intérêt domine-t-il, sans cesse, les actions humaines, et sépare-t-il deux âmes qui s'étaient comprises, et devaient se compléter l'une par l'autre !. . . . .

La blonde enfant a été, depuis, la mère adorée d'une charmante famille : elle a quitté le monde, et j'offre à sa sainte mémoire l'hommage de mon respect, et l'expression de regrets sincères que le temps ne saurait atténuer.

Gras avait reçu mes confidences. En bon camarade, il cherchait à me consoler, venait m'arracher à la retraite que je m'étais imposée volontairement, me parlant toujours d'*Elle*, et m'entraînait dans de longues et fatigantes promenades, où ce sceptique railleur qui ne connaissait pas le *mal d'amour*, me répétait fréquemment ces mots qui lui étaient familiers : *Petite pluie abat grand vent.*

. . . .

Il a rempli de ses croquis un nombre considérable de cartons. Dessins faits au pied levé, en quelques minutes, mais qui étaient suffisants pour fixer ses souvenirs, et servir un jour, à l'unification de son œuvre. Il n'est pas un coin de l'arrondissement de Montbrison qu'il n'ait exploré, et il a visité toutes les communes du département de la Loire, qui pouvaient présenter quelque intérêt pour ses chères études.

Il excellait dans cette manière, dessinait les ruines comme personne, n'oubliant même pas la giroflée fleurissant entre les pierres disjointes, ou l'arbrisseau frêle, dont quelque oiseau voyageur, — peut-être archéologue, — avait laissé tomber la graine au sommet du donjon de la vieille demeure féodale.

Que de fois je l'ai accompagné dans ces promenades qui avaient pour moi un vif attrait. Je me risquais quelquefois à crayonner un paysage, mais c'était assez imparfait, et je me contentais le plus souvent de consigner en prose les impressions ressenties.

Devrais-je vivre, aussi longtemps que le saint Roi, dont je porte le nom, que je n'oublierais jamais une promenade que nous fîmes ensemble à Saint-Romain-le-Puy. C'était vers la fin du mois de septembre, le temps était superbe. Le vigneron n'attendait plus qu'un dernier rayon de soleil, pour enlever au cep la grappe abondante et vermeille. Gras connaissait le curé du village. Nous lui fîmes une visite car nous avions besoin d'un peu de repos et de rafraîchissements. Il nous accueillit d'une façon fort amicale, nous fit visiter son presbytère, le vaste jardin et la vigne contiguë, dont le seigneur bénissait chaque année les produits, qui donnaient entr'autres un petit vin blanc d'une saveur exquise, qui aurait pu rivaliser avec le meilleur Sauterne.

Ce brave prêtre qui, depuis longtemps déjà, doit avoir franchi la porte du paradis que garde saint Pierre, avait une toquade artistique que j'éprouve une vraie satisfaction à dévoiler.

Le bonhomme collectionnait les tableaux religieux au milieu desquels se perdaient quelques portraits historiques, plusieurs paysages et autres scènes profanes; il en avait réuni un grand nombre, achetés un peu partout dans les environs. Il vous guidait avec orgueil dans la pièce qu'il appelait sa galerie, et faisait la description de cette collection de croûtes, qui se vendraient à Paris de 15 à 25 sous pièce à l'Hôtel Drouot.

Nous qui n'avions rien vu, qui ne connaissions les maîtres anciens et modernes que par l'histoire des peintres de toutes les écoles que publiait alors Charles Blanc, sans aucune idée exacte des salles du Louvre et des merveilles qu'elles renferment : nous admirions naïvement, moi, silencieux, mon compagnon, avec force épithètes flatteuses.

Le bon curé buvait du lait en écoutant ces compliments exagérés, où certes on devinait beaucoup plus d'ironie gauloise que de vérité. Après une réconfortante collation, force rasades de l'excellent vin dont le goût semble encore me chatouiller le palais, une fois les politesses et remerciements d'usage épuisés, nous gravîmes doucement le sentier escarpé qui conduit jusqu'aux ruines encore imposantes qui dominent le village.

Chemin faisant, à la suite de quelques mots échangés sur l'hospitalité que nous venions de recevoir, Gras me raconta tout ce qu'il savait sur les débris de pierre juchés sur ce pic basaltique. Là, existait un prieuré, dont l'église primitive, dédiée à saint Martin, fut donnée, à la fin du Xe siècle, avec ses droits et revenus, à l'église de Saint-Martin-d'Ainay, et remplacée, au commencement du XIe siècle, par celle qui fut placée sous le vocable de saint Romain, martyr d'Antioche. Le prieuré, fondé en l'an 1007, par l'abbé Raynaud, dépendait de l'abbaye d'Ainay, qui fut plus tard agrégée à l'ordre de Cluni. Une transaction de 1173, passée entre Guichard, achevêque de Lyon et Guy II, comte de Forez, indique que le château fort y fut élevé pour défendre le monastère. — En 1633, le 15 juin, la démolition du fort fut ordonnée par Louis XIII. — le prieur était Antoine René de Lévis Lugny, chanoine comte de Lyon. Cette destruction entraîna bientôt celle des bâtiments du prieuré qui était régulier, conventuel de l'ordre de saint Benoit. Les revenus furent toujours insuffisants pour faire vivre les trois religieux, le sacristain, le vestiaire, le simple novice qui l'habitaient en 1617. (1)

Il était environ quatre heures et demie quand nous arrivâmes au faîte du Mamelon, dont les flancs étaient alors de la tête aux pieds, chargés de luxuriants vignobles. Gras eut tout le temps de copier le blason qui se trouvait, je crois, au-dessus de la porte ogivale d'une tour qui regardait la plaine. Le jour commençait déjà à baisser. Il lui prit tout à coup une idée étrange.

Sur le plateau, non loin d'un pan de mur épais qui, chaque jour, laissait tomber sur le sol quelques-uns des moëllons péniblement assis par la main des hommes, se trouvaient juxta-posés deux cercueils taillés dans un granit bleuâtre du plus beau grain. Quelle était l'origine de ces tombeaux ? Qui les avait transporté en ces lieux ? Quelle dépouille humaine avaient-ils renfermée ? Quels grands seigneurs ou manants avaient dormi leur dernier sommeil dans ce linceul de pierre ? Ils étaient là sans doute depuis nombre d'années et personne ne songeait à les déplacer ou à chercher leur destination primitive. Leur forme était exactement celle qu'on donnait aux sar-

(1) *Le Prieuré de Saint-Romain-le-Puy*, par le comte de Charpin Feugerolles. — Lyon, 1883.

Révérend du Mesnil. — (Bulletin de la Diana n° 10, février-mai 1881, Supplément.)

cophages du moyen âge. Ils étaient allongés, moins
larges à la base qu'au sommet, où un trou circulaire
dessinait exactement les contours de la tête. On aurait dit qu'un corps humain en avait fourni le moule,
reproduit aussi exactement que dans un bloc de
cire. Tout à coup et sans me prévenir, mon compagnon de voyage, s'étendit dans le plus petit de
ces tombeaux en me disant ces simples mots :
« Ami, fais comme moi. » Sans me rendre suffisamment compte de cette fantaisie, je me mis à mon tour
dans le cercueil voisin qui semblait avoir été préparé
exactement pour ma taille.

Dieu, quelles émotions j'ai éprouvées en ces quelques minutes! la soirée devenait fraîche, et je restais
cloué dans cette boîte de pierre, sous un charme
indéfinissable.

« Vois donc comme la nuit s'annonce belle? quelles
senteurs embaumées montent de ces vignes, en-
tends le chant de la grive qui vient y becqueter
la grappe? écoute la chouette qui vole lourde-
ment autour de ces ruines, ne comprends-tu pas le
langage poétique de la brise qui fait frissonner les
arbres de la plaine. »

Puis il me récita en patois, un chant forézien qu'il
avait composé à la suite de sa visite à la *Grotte
des fées*, près de Sail-sous-Couzan dont, malheureusement, je n'ai gardé aucun souvenir.

J'avoue que je ne m'expliquais pas bien cette singulière facétie, la position que j'occupais devenait
gênante et me paraissait peu agréable. Il me sem-

blait parfois qu'une lourde pierre pouvait s'abattre
sur nous, et nous séparer à jamais du monde vivant.
Cette comédie à la Charles-Quint eut son dénoue-
ment. Mon ami sembla descendre du ciel où son
esprit s'était envolé, et quitter ce monde des esprits
avec lesquels il avait conversé. Les étoiles commençaient à s'allumer dans le ciel, au vieux clocher
du village sonnait l'*Angelus*, nous descendîmes
rapidement la côte, puis jetant un regard de reconnaissance sur le modeste presbytère. nous fîmes en
devisant et riant de l'aventure, les huit kilomètres
qui nous séparaient de Montbrison.

CHAPITRE V

MONTBRISON

Le titre de ce chapitre semblerait indiquer que je me propose d'écrire l'histoire complète de Montbrison. Qu'on se rassure ! mes modestes connaissances en archéologie m'imposant la plus grande réserve, je m'adresse, en outre, à des érudits qui connaissent à fond leur pays, et auxquels certainement j'aurais fort peu de choses à apprendre. Je ne ferai, dans les pages suivantes, qu'un rapide résumé historique dont fourniront la matière, les notes prises avec mon ami Gras, alors que tous deux au petit séminaire, nous faisions des recherches sur l'histoire de cette ville. Je serai aussi bref que possible, n'insistant que sur cer-

tains faits modernes, qui intéressent plus particulièrement le Forez.

Une dernière fois, je prie le lecteur de me pardonner, le cas échéant, les inexactitudes involon-
taires qui se glisseraient dans ces lignes, et qui seraient le résultat de souvenirs déjà lointains ou de
renseignements incomplets.

Montbrison (dit le *Bottin*) est une petite ville de
7006 habitants environ, sous-préfecture du département de la Loire, bâtie au pied d'une colline d'origine volcanique (1).

Si l'on en croit la tradition, elle doit son nom à un
temple dédié à *Brisëis* ou *Briso*, déesse du Sommeil,
sur le sommet d'une butte, produit sans aucun doute,
comme celles de Saint-Romain-le-Puy, le mont
d'Uzore, Marcilly, de quelque ébranlement souter-
rain. Nous savons toutefois, que les habitants ai-
maient beaucoup à dormir bercés par des songes
heureux, habitude qui s'est religieusement conservée
jusqu'à nous. Ce vaste pays, couvert de bois, d'après
de la Mure *(2) Pagus Forensis*, suivant la légende latine de saint Porçaire, faisait, en 736, partie de la
province gauloise *Ségusie*, habitée par un peuple
préférant les douceurs de la paix aux émotions belli-
queuses, travailleur, commerçant, éclairé, que l'on
rencontrait au delà du Rhône, au sortir de la province
Lyonnaise, et dont la capitale était Feurs (*forum se-*

(1) *France Pittoresque* de A. Hugo. — Département de la Loire.

(2) *Histoire de Feurs*, par A. Broutin, 1 vol.

gusiavorum) centre de l'administration, ou suivant Papon le droit romain était en usage.

Lyon, qui devait devenir une cité considérable, fut après la conquête des Gaules, fondé sur ce territoire par Lepidus et Lucius Plancus.—L'époque Druidique y a laissé peu de monuments, tout au plus, pourrait-on citer comme vestiges contestables de ce culte, la *Grotte aux fades,* près des ruines du Château d'Urfé. Les *grandes Pierres de Jai,* près Feurs, le *Palet du Diable,* à Saint-Alban.

Malgré l'agitation produite par les luttes des empereurs romains, cette contrée fut assez tranquille jusqu'en l'an 407 ou les Bourguignons envahirent le Lyonnais, qui entra dans la formation du royaume de Bourgogne. Le Forez attribué en douaire à Clotilde, femme de Clovis, semble en avoir été régulièrement détaché en 563, après le partage fait entre les fils de Clotaire 1ᵉʳ (1).

Longtemps avant le Vᵉ siècle, le Christianisme y avait jeté de profondes racines ; sur les ruines des temples païens s'élévaient des églises (2), et les villes choisissaient de préférence pour patrons les saints qui avaient occupé le siège épiscopal de Lyon. Montbrison désignait Saint-Aubrin, quatorzième successeur de saint Pothin, né dans une maison de la ville basse, où, le 15 juillet de chaque année, on se rend dévotement en procession. Il avait succédé à saint

(1) *Histoire du Forez,* par A. Bernard, 2 v. in-8°, 1835,

(2) *Gallia Christiana,* tome IV. — 1758.

Justin, était fort savant et d'une éminente piété. Il éleva, dit-on, une basilique à Saint-Étienne, où, d'après Léonard Sarasin, il fut enterré.

En 727, eut lieu l'irruption soudaine des Sarrazins, qui, vaincus une première fois par Charles Martel, dévastèrent en 735 le Dauphiné, le Lyonnais et le Forez, Ce dernier surtout en a conservé de profonds souvenirs dans la ville de Moind (*Mediolanum Segusiavorum*), dont j'aurai bientôt à m'occuper un peu plus longuement. Après l'expulsion définitive de ces sauvages guerriers par Pépin, les rois de Bourgogne, vassaux du roi de France, se saisirent du pays dont ils confièrent le gouvernement à des magistrats ou comtes amovibles, qui leur devaient hommage et qui furent plus tard héréditaires.

Deux chartes de Cluny, de 967 et 981, font pour la première fois mention de ce comté. — Gérard de Roussillon fut le premier de ces comtes. Parmi ses successeurs, Artaud ou Arthaud, souche d'une ancienne famille de Dauphiné, à laquelle je me trouve personnellement allié, figure dans une charte de donation faite en 831 à l'Évêque de Grenoble. — On sait fort peu de chose de ces premiers administrateurs.

Guillaume Ier est la tige de la première race des comtes héréditaires, qui gouvernent le Forez de 913 à 1107. Son fils Artaud, héritier du comté de Lyon, est regardé comme le fondateur du prieuré de Savigneux-les-Montbrison, en 930.

Après Artaud II, qui réunit la seigneurie de Beaujeu aux comtés de Lyon et Forez, on trouve succes-

ment Artaud III, Giraud II, Widelin, Artaud IV,
Artaud V, Guillaume III, fondateur de l'hôpital de
Montbrison et du prieuré de Sury-le-Comtal, qui, à
la veille de partir pour les croisades, donne à l'archevêque de Lyon l'église de Saint-Julien-de-Moind, que
celui-ci céda à l'abbaye de la Chaize-Dieu.

Pendant deux siècles, Montbrison est avec Feurs
et Saint-Haon-le-Châtel, la demeure habituelle de ces
comtes. Avant la fin du XIe siècle, ils possèdent le
château romain construit sur la butte du Calvaire
renfermant dans son enceinte une chapelle dédiée à la
Vierge, forteresse que l'on considéra comme impre-
nable jusqu'au XVIe siècle. La ville ne s'étendait
guère au delà, excepté du côté de la Madeleine et de
Saint-André, où se trouvaient les deux plus vieilles
églises. Près du Vizezy, dans le Pra-Comtal qui a
laissé son nom à une rue, existait la Commanderie de Saint-Jean-des-Prés, fondée par Guy II, où
conduisait la rue Saint-Jean, entièrement bâtie au
XIIIe siècle. Citons encore la rue des Arches où passaient les conduites d'eaux, le quartier Saint-Pierre,
les rues de la Croix, du Four, enfin celle des Pénitents, la plus ancienne de toutes, qui débouchait à la
porte du château.

Nous voici au Moyen-âge, époque de demi-lumière,
où il est toutefois possible dans les obscurités de
l'histoire, d'établir la filiation régulière des Comtes (1),

(1) *Recueil des Mémoires et Documents* sur le Forez, publiés par la Diana
— Savigné. — Vienne, 1875-1876, tomes II et III.

et de faire connaître les plus importants de leurs actes.

Le nom de Guigo ou Guy paraît être le nom patronymique de ces seigneurs de la seconde race, qui ont pour résidences préférées Montbrison et Sury-le-Comtal. Guy Ier confirme la fondation du prieuré de Beaulieu en Roannais, et comme descendant des Dauphins de Viennois, introduit un dauphin dans les armes du Forez. Son troisième fils, Raymondin, épousa Mellusine, dont il est question dans l'*Astrée*. C'est à Marcilly, qu'Honoré d'Urfé place le lieu de ses enchantements. Parmi ses successeurs Renaud reçoit en 1265, par son mariage avec Isabelle de Beaujeu le Beaujolais qui, sept ans après, devient la propriété de Louis son deuxième fils. Guy IV, comte de Forez et de Nevers, fils aîné de Guy III et d'Alix de Suilly : 1° marié en 1216 à Philippe de Dampierre; 2° en 1220 à Ermengarde d'Auvergne, pour la troisième fois, à Mahault de Courtenay, mourut le 29 octobre 1241 ; il est le fondateur de l'église Notre-Dame de Montbrison, dont Guy V posa la première pierre (1).

Elle avait été bâtie sur un terrain dépendant de Moind, qui appartenait à un sieur Guichard Verd. La façade de ce monument, dont l'intérieur est d'un style remarquable par sa simplicité, est encore incomplète. Une des tours est restée inachevée !

Depuis plusieurs années, on a fait, sous la direction de MM. Crozet et Peurière curés, d'importantes réparations, soit dans le chœur, soit aux chapelles

(1) L'abbé Renon. — A. Bernard.

latérales. Cette Église avait titre de Royale, que lui
octroya François Ier, et possédait une collégiale qui
compte de nombreuses illustrations, entr'autres plusieurs d'Urfé, le savant chanoine de la Mure et Pierre
du Verney, juge et chanoine, qui érigea la chapelle
de Sainte-Madeleine, où l'on voit son tombeau.

L'acte de constitution de cette église est de 1223.

Charles de Bourbon ordonna d'achever N. D. et de
bâtir les tours. En 1466. Il n'y en avait qu'une de
terminée, mais l'église était entièrement achevée et
consacrée par Pierre de Belleville.

Ce fut sous Guy IV, que les comtes renoncèrent
définitivement au titre de comtes de Lyon. La convention de 1173, passée entre Guy II qui avait repoussé
les attaques du sire de Couzan, et Guichard, archevêque de Lyon, approuvée le 1er avril 1174, par le pape
Alexandre III, partageait le Lyonnais et le Forez en
deux comtés distincts, dont le premier resta attribué
à l'église de Lyon. Par suite de cet accord, les arche-
vêques de Lyon pouvaient seuls frapper monnaie, qui

avait cours en Forez. Cependant, celle des Dauphins de
Viennois demeura beaucoup
plus en usage. Ces seigneurs
de la deuxième race ne portaient
plus les mêmes armes que
leurs aînés d'Albon. Ils avaient
adopté : le *dauphin d'or sur
champ de gueules, creté, barbé
et oreillé de même*, sans bri-

sure et sans prendre d'autre titre. Guy II avait eu pour fils, Humbert, chanoine de l'église Saint-Jean, et Renaud, archevêque de Lyon, mort en 1226 et enterré dans l'église de Saint-Irenée, qui exerça une très grande influence sur Guy IV son pupille, relativement à la fondation de l'église N.-D. (1). Il avait, en outre, fondé le monastère de la Bénissons-Dieu, où il fut enterré, et celui de Bonlieu, près Saint-Agathela- Bouteresse, couvent de filles de l'ordre de Citeaux.

Le règne de Guy IV est de beaucoup le plus important comme durée, et de tous le mieux rempli. Le château, dont les murailles suivaient la ruelle qui passe derrière l'église Saint-Pierre, était insuffisant pour contenir la ville qui s'agrandissait hors de l'enceinte. Ce comte mourut, alors qu'il projetait un voyage en terre sainte, et fut enterré au milieu du sanctuaire de l'église N.-D., qui devint depuis, le lieu de sépulture de ses descendants. Mahault de Courtenay lui survécut longtemps, et céda sa jouissance du comté, moyennant 10,000 livres, à Guy V, nommé *Guido*, dans les Chartes, époux d'Alix de Chacenay, qui prit part aux Croisades.

Nous trouvons après lui, Renaud, marié en 1247 à

(1) Le musée d'Allard, à Montbrison, possède quatre peintures sur bois, en forme de médaillons, de 0.19 de diamètre, qui proviennent du cabinet du chanoine de la Mure.

En 1854, j'en ai pris, grâce à l'obligeance de Madame Perret, une copie que j'ai toujours conservée. Ils représentent : Guy IV, comte de Forez et Nivernais ; Gérard II, comte de Lyon et de Forez (1030) ; Renaud, de Forez archevêque de Lyon et Louis II, duc de Bourbon, comte de Forez. Ce dernier porte pour armes : *d'azur semé de fleurs de lys d'or, à la bande de gueules*, l'écu timbré d'une couronne ducale, surmontée de la devise « *Espérance* ».

Isabelle de Beaujeu, qui affranchit les habitants de Sury-le-Comtal et fonda la commanderie de Saint-Antoine, au faubourg de la Madeleine. Jean Ier, époux d'Alix de Viennois, confirme les privilèges des habitants de Montbrison, et oblige Raynaud de Damas, seigneur de Couzan et Sauvain, un des plus puissants feudataires de ce temps, à lui rendre hommage. Jouissant d'un grand crédit à la cour de Philippe-le-Long, grand officier de la couronne, il reçoit d'Arnulph d'Urfé, le premier hommage du château de la *Bastie*, et fait construire la salle de la Diana. Il mourut à Villefranche et fut enseveli dans l'abbaye de Joug-Dieu.

Guy VII, appelé *Guido*, époux de Jeanne de Bourbon, fille de Louis Ier, duc de Bourbon, fut de même enterré dans le tombeau de ses aïeux, qui se trouvait devant le maître-autel de l'église collégiale. De ses deux fils, l'un périt à la bataille de Brignais, l'autre fut tué, au château de Montbrison, par le sire de Lavieu, dont il avait outragé la femme. Jeanne, sa fille et son héritière, porta le Forez à Béraud, son mari, comte de Clermont et dauphin d'Auvergne.

A cette époque se termine la véritable existence de ce comté. Il disparaît tout à coup dans les nombreuses possessions des ducs de Bourbon (1).

Louis II, qui avait épousé Anne Dauphine, fille du comte de Clermont, fait dresser en 1373 l'inventaire des titres et archives du comté, qui étaient déposés dans la Chambre des Comptes de Montbri-

(1) Histoire des ducs de Bourbon, de La Mure. — Paris, 1868. — 2 éd.

son, par le sieur Gayand secrétaire. Elles furent transportées seulement en 1532 à Paris (1).

Dès le XIVe siècle, dans le mandement de Moind, qui s'étendait jusqu'au Vizézy, les comtes possédaient un hôtel, séjour d'été, entouré d'importantes clôtures et de vignobles, dont un nommé Girin était intendant en 1361. Le clos occupait l'emplacement de la caserne d'infanterie, les propriétés voisines et le parc actuel de M. Levet ; il embrassait tous les terrains situés entre la route de Moind et le chemin d'Écotay-l'Olme. L'Hôtel-du-Parc-lès-Montbrison, achevé en 1466 (2), comprenait, en 1473, la fauconnerie, le colombier, les caves, etc. Au dire de l'historien de La Mure, le duc Louis II, le fit orner de nombreux écussons à ses armes avec la devise : *Espérance* (3).

Sous François Ier, le parc fut vendu en 1543 à M. Charbonnier, et adjugé de nouveau en 1687 avec l'emplacement de l'ancien château, à Étienne de Pierrefort bourgeois de la ville. Le duc songeait à faire construire un mur d'enceinte à Montbrison, qui était restée sans clôture depuis sa destruction par

(1) Recueil d'hommages, aveux, dénombrements de fiefs relevant du comté de Forez du treizième au seizième siècle, par André Barban, tome VIII des mémoires de la Diana.

Copie sur parchemin côté P n° 1131, archiv. Nat. Titres de Forez, 9 vol, in-8°, p. 1394 à 1402, id.

(2) Recueil des mémoires et documents sur le Forez publiés par la Diana tome III — 1875.

Archives de la Loire. — Comptes du trésorier du Forez — C du domaine S. A. n° 127.

(3) Voir son portrait au musée d'Allard.

les Anglais, mais il mourut à Montluçon, avant
d'avoir pu se retirer avec le bailli d'Urfé dans le couvent des Célestins de Vichy, qu'il avait fondé.

Sa veuve administra longtemps le comté, qui
fut en 1418, hommagé au roi Charles VI.

A quelque temps de là, la duchesse de Berry, qui
avait fixé sa résidence à Sury-le-Bois, donnait une
charte, qui nous est parvenue, concernant la clôture
de Montbrison. « Les murs avaient 50 pieds de hauteur, 5 d'épaisseur, flanqués de 46 grosses tours à
deux étages, distantes les unes des autres d'environ
cinquante pas. » On y avait ménagé quatre portes
publiques, celles de Saint-Jean, de la Madeleine, de
la Croix ou du Colombier, et de Moind. Celle d'Ecotay ou la Poterie appartenait aux chanoines. Il y
avait encore une sixième porte, qui fut appelée Bourbon ou Saint-Aubrin. Ces murailles construites pour
un quart aux frais des chanoines, et la plus grande
partie par le couvent des Cordeliers, ne furent termi-
nées que sur les ordres de Charles de Bourbon,
qui venant, en 1441, recevoir l'hommage de ses feudataires, octroya à cette ville le titre de capitale
jusque-là attribué à Feurs. Le duc fit son entrée
solennelle, et confirma d'une façon généreuse les
privilèges accordés aux habitants. En 1505, Charles
et Suzanne de Bourbon, sa femme, furent magnifiquement reçus, au château de Labastie, par le Grand
Écuyer d'Urfé, alors Bailli de Forez.

Charles de Montpensier, duc de Bourbon, connu
sous le nom de Connétable de Bourbon, hérita de

Pierre II, par suite de son mariage avec Suzanne, sa fille. Pour se venger de certaines intrigues de cour, des vexations de la reine mère, qui avait conçu pour lui une inexplicable passion, il passa au service de Charles-Quint, assista à la bataille de Pavie et fut tué au siège de Rome (1537).

Le Forez fut confisqué lors de la défection du connétable en 1523, et réuni à la couronne de France en 1531.

Peu de temps après, Louise de Savoie, mère de François Ier, se faisait reconnaître par arrêt du Parlement de Paris, la souveraineté du duché d'Auvergne et du comté de Forez, qui passèrent à sa mort à la couronne de France.

Dans le cours du XVIe siècle, une effroyable peste désola Montbrison à trois reprises. Les habitants s'étaient enfui dans les montagnes d'Essertines, les officiers du bailliage à Sury ; seul, le couvent de Sainte-Claire ne fut pas abandonné.

Le 25 avril 1536, le roi François Ier prit possession du comté. Il fut reçu, à la porte Saint-Jean, par les dignitaires et la noblesse, et conduit, avec les plus grands honneurs, au cloître où il habita pendant dix jours la maison de Pierre Paparin, chanoine-sacristain de N. D. Il donna à cette église, avec de nouveaux statuts, le titre de Royale, et visita le château de la Bastie. En 1537, il nommait Gilbert de la Barge, doyen de l'église collégiale et royale de N. D. de Montbrison.

C'est le moment des guerres de religion. Dès 1558, les calvinistes avaient une grande influence à la Cour, et comptaient un grand nombre de partisans. Les protestants se révoltent à Valence, en Dauphiné, alors gouverné par Gondrin, lieutenant du duc de Guise, à l'instigation de François de Beaumont (Baron des Adrets), né au château de la Frette (Isère) en 1512, chevalier de l'ordre du Roi, marié à Isabeau de Gumin, mort au même lieu, en 1587, qui parvient à s'emparer, le 14 juillet 1562, au nom du prince de Condé, du gouvernement de Lyon qu'il occupa deux mois. (1)

Puis, il met le siège devant Montbrison où il entre sans difficulté. Les réformés pillent la ville, brûlent les portes de l'église de Saint-Jean-de-Moind, et prennent possession du château de Montrond. Des Adrets ordonne de détruire les archives de la Collégiale, confisque le trésor, prend 10.000 livres aux chanoines, et la rose d'or donnée à cette église par Jeanne de Bourbon.

Après la mort de Charles IX (13 juin 1574), Henri III est reconnu comte de Forez par l'Assemblée des trois Etats, tenue à Montbrison sous la présidence de Claude d'Urfé, en l'absence de son frère, le bailli d'Urfé, qui avait été prendre possession de la souveraineté de

(1) Armes : *de gueules, à la fasce d'argent chargée de trois fleurs de lys d'azur.* Devise : *Impavidum ferient ruinæ.*

Portrait par Soliman Lieutaud, in-8°.

Voir la *Généalogie de la maison de Beaumont*, par l'abbé Bosard.

La Prinse de Montbrisou au pays de Forest, au mois de juillet 1562 — Planche in folio dite : *La souterie de Montbrison.*

Dehron, Galerie de portraits foréziens, (pages 3 et 4.)

Tende. Ce prince érigea la terre d'Urfé en Comté, en faveur d'Anne, reconnaissant ainsi les services rendus par cette illustre famille. Après sa mort, le seigneur de la Guiche, gouverneur de Lyon, prend, en 1595, possession du comté, pour le roi de France, moyennant paiement d'une somme considérable au duc de Nemours. Le château de Montbrison fut alors démoli, le fort de Lavieu détruit en 1623, les châteaux de Bourg-Argental et Donzy, démantelés en 1594 et 1603.

Sous Henri IV, un semblant de réorganisation a lieu dans ce pays où l'on trouve Jacques d'Urfé, bailli de Forez et châtelain de Montbrison (19 août 1599).

Sous les règnes de Louis XIV et Louis XV, jusqu'à la Révolution, à part quelques incidents sans grande importance, cette province a une existence complètement effacée. Les préoccupations politiques sont ailleurs. Toute la vie historique s'est concentrée dans la capitale du royaume de France.

Le 27 mars 1628, eut lieu à Montbrison, une assemblée de la noblesse du pays, présidée par le bailli Lascaris d'Urfé, qui fut nommé député à la conférence qui devait se réunir à Lyon, pour tout le Gouvernement.

En 1754, Montbrison est pris par Mandrin, brigand d'une espèce spéciale, dont on ne retrouve plus le type que dans l'île de Corse, exigeant de ses hommes la plus rigoureuse discipline, ne faisant aucun tort aux populations. Il mettait à contribution les employés des fermes et de la gabelle, leur donnant en échange du tabac de contrebande et autres marchandises.

Ce célèbre aventurier fut roué, à Valence, l'année suivante.

Quelques mots semblent ici nécessaires sur l'organisation administrative et judiciaire du Forez. Au XIVe siècle, sous le roi Jean et son fils, eut lieu une importante modification dans la perception des deniers et la direction des subsides, qui donna naissance aux généraux des finances, et plus tard, aux généralités. La France entière était partagée en six généralités qui embrassaient tout le royaume. La généralité de

Lyon comprenait trois provinces : le Lyonnais, le Forez, le Beaujolais.

Le Lyonnais fut divisé en cinq élections, dont les chefs-lieux étaient : Lyon (1356), Montbrison (1373), Villefranche (1402) Saint-Etienne et Roanne (1630).

On ne peut établir d'une façon exacte l'origine du bailliage qui était le siège principal de la justice. La première charte qui mentionne ce titre de Bailli, est de 1229.

Jusqu'à la fin du XIVe siècle tous les officiers de la cour de justice se recrutaient parmi les chanoines de N.-D., puis ce furent des laïques qui furent pourvus de ces emplois. — Le Bailliage de Montbrison devenu royal par l'édit de François Ier, resta toujours juge des affaires concernant le domaine, dans tout le comté. —

Il comprenait un bailli d'épée, un lieutenant général
lieutenant criminel, un lieutenant particulier assesseur criminel, douze conseillers, deux avocats, un
procureur du roi, un greffier civil, un greffier criminel, un commissaire aux saisies, un receveur de con-
signations, puis à partir de 1775, un lieutenant particulier assesseur civil. — La châtellenie était une juri-
diction inférieure, dont les officiers étaient nommés
par le roi. Papon nous apprend qu'en 1560, il y avait
34 châtellenies ressortissant du domaine royal, auxquelles il convient d'ajouter trois petits bailliages
sans baillis qu'on appelait *Ressorts*. 1° Bourg-Argental pour la partie Forez-Viennois ; 2° Chauffour dont
la justice était exercée à Saint-Bonnet-le-Château (1) ;
3° Saint-Ferréol.

En 1771 par suite d'un remaniement général, on ne
laissa subsister en Forez que deux sièges de justice,
celui de Montbrison, l'autre fixé à Bourg-Argental.

Un grand nombre de Châtellenies furent unies à un
même siège, comme celle de Montbrison l'avait été
en 1740 au Grand bailliage de Forez. Celles de Laviéu,
Saint-Germain-Laval et Cervières furent seules con-
servées.

Ces offices de justice, comme on devait le prévoir,
donnèrent naissance à une petite noblesse que l'on ne
saurait comparer, ainsi que nous le verrons bientôt,
à ces illustres familles aujourd'hui disparues, dont

(1) Histoire de Saint-Bonnet-le-Château, par MM. Langlois, curé de Saint-
Bonnet et le chanoine J. Condamin, 1886.

beaucoup s'éteignirent sous le gouvernement des ducs de Bourbon. Les d'Urfé, Couzan, Lavieu, Saint-Priest, Saint-Germain, Chalmazel, etc.

Par tout ce qui précède, on voit que Montbrison était au XVIII° siècle, une ville d'une certaine importance où la noblesse et le clergé exerçaient seuls une influence dominatrice. On y respirait l'air de la féodalité, et les grondements lointains, mais significatifs qui faisaient prévoir un cataclysme prochain, une révolution profonde dans les mœurs comme dans les institutions, venaient se briser au pied des murailles encore debout. Sur les ruines de l'ancien château on n'avait songé à élever aucun autre monument. En fait d'édifices, à part l'église Notre-Dame, et la caserne construite sous la direction de François Deville, architecte à Lyon, on n'y rencontrait guère que de nombreux couvents (1) et des manants taillables et corvéables à merci.

Les Visitandines formaient une très importante communauté enseignante pour les jeunes filles, qui fut fondée en 1642, à la demande des habitants ; probablement Sainte-Marie, construite dès l'année 1709, par Martin de Noinville, architecte à Dijon. Les bâtiments qui restent servent de caserne de gendarmerie, et c'est sous le dôme de l'ancienne chapelle, que la justice rend ses arrêts. L'hospice de la Charité est installé au petit couvent des Ursulines.

A l'année 930, remonte le prieuré de Savigneu,

(1) Histoire des couvents de Montbrison avant 1793, par A. Broutin 2 vol. in-8. — Montagny — Saint-Etienne, 1874.

en 1220, existaient déjà les pénitents de Saint-Augustin.

Le couvent des Cordeliers a une existence prospère de 1237 à 1793. Les Lavieu, Couzan, d'Apchon, Sugny, Montaigne et d'Entraigues, y possédaient leurs tombeaux. Il y a trente ans, ses immenses dépendances renfermaient la mairie, la bibliothèque, la justice de paix, le commissariat de police, la halle aux grains, la salle de spectacle et l'école normale d'instituteurs, depuis transportée dans l'ancienne propriété Couchoux.

C'est à l'année 1496 qu'il faut placer la fondation du couvent de Sainte-Claire, par d'Urfé qui avait fait ériger, au milieu de la chapelle, un magnifique mausolée destiné à sa famille.

Le couvent des Récollets date de 1562, celui des Capucins de 1600. La commanderie de Saint-Jean, de Jérusalem, où de mon temps, s'était établi un marchand de vins en gros, avait été fondée en 1154, par Guy II.

Le premier commandeur se nommait Arnulphe (1). Bertrand d'Albon fut commandeur de 1626 à 1638.

En 1771, on comptait, en France, deux cent vingt commanderies de chevaliers de Malte.

Ce fut d'abord un ordre purement religieux créé à Jérusalem pour le service des pèlerins, et devenu ensuite militaire, pour les protéger contre les véxations des Mahométans.

(1) Inventaire des titres du comté de Forez — Chaverondier.

Mais, plus tard, — ce qui arrive trop souvent, — le but primitif fut oublié, et ces établissements devinrent un bénéfice et un honneur fort enviés.

L'église qui existe encore est d'une seule nef à voûte ogivale ; on y remarque trois intéressantes inscriptions incrustées dans les murs (1).

La célèbre institution de l'Oratoire, établie dans cette ville, le 5 juin 1624, grâce aux libéralités de Pierre Henrys, était chargée de réorganiser l'ancien collége, dont un chanoine surveillait l'enseignement. Il était situé rue d'Ecotay, dans le voisinage du cloître Notre-Dame, et près de la porte de ce nom qui conduisait au Vizézy. M. Philibert du Colombier, *chanoine préceptorial* en 1613, portait le titre de principal.

Le nouveau collége de l'Oratoire, rival malheureux de celui de Notre-Dame-de-Grâces, fut dirigé, en 1644, par Pierre Chapuis. Il en est sorti des hommes de valeur, comme l'éminent Jacques Duguet, né à Montbrison le 27 février 1650, et mort à l'âge de 85 ans. En 1677, ses hautes capacités l'avaient fait appeler, à Paris, à Saint-Magloire, comme professeur de théologie. C'était l'ami intime d'Antoine Arnaud, une des gloires de Port-Royal.

L'Institut des Oratoriens, qui fut toujours suspect de jansénisme, est occupé aujourd'hui par l'hôtel de la sous-préfecture.

Parmi d'autres célébrités, il convient encore de citer :

(1) *Bulletin Monumental* de 1855, page 420.

9.

Jean Chapelon (1648), poète *Gaga* (1) ; le général
Joseph Chapuis, né à Saint-Etienne en 1755, mort
en 1829 ; l'abbé Combryx, curé de Chambon-Feugerolles, tué à Lyon en 1793, qui a laissé un poème
en vers français, intitulé *la Capucinade* (2), enfin
l'anatomiste Duverney, né à Feurs en 1648, établi de
bonne heure à Paris, où il mourut en 1730.

Au nombre des illustrations modernes du département de la Loire, il faut compter : le colonel Combes,
tué en 1836 à l'attaque de Constantine, et Jules
Janin, fils d'un avoué très estimé de Saint-Etienne,
où il naquit le 16 juillet 1804. Après de brillantes
études qu'il termina au lycée Louis-le-Grand à Paris,
il devint rédacteur en 1826 au *Figaro*, où ses premiers articles eurent un très grand succès. En 1830,
il entrait au *Journal des Débats*, il a rédigé jusqu'à
sa mort (1872) le feuilleton dramatique, avec un
savoir et une autorité qui le firent surnommer : « le
prince des critiques ».

Il a publié en outre une traduction d'*Horace*, la
Fin d'un monde, le *Livre*, le *Neveu de Rameau*, et
deux petits chefs-d'œuvre; *Discours à la porte de
l'Académie, Traité des petits bonheurs*.

N'oublions pas le sculpteur Foyatier (1793-1863)
qui entra à l'Ecole des Beaux-Arts de Paris en 1816,
et donna au Salon de 1819 le *Jeune Faune*; en 1822
il exécuta à Rome le buste du *Primatice*, destiné au

(1) Description de la *Misera de Santetieve*.

(2) *Biographies stéphanoises*, par Descreux.

musée du Louvre. C'est là qu'il conçut l'idée du *Spartacus* dont la statue en marbre parut en 1831.

Francis Garnier, né à Saint-Etienne le 25 juillet 1839, fit en 1860 la campagne de Chine comme Enseigne de vaisseau. Inspecteur des affaires indigènes de Cochinchine. Il organisa (1866) une expédition scientifique qui dura deux ans et demi.

En 1870, on le retrouve à Paris, chef d'état-major du 3e secteur (Montrouge).

Cet officier de marine a laissé le récit de son voyage d'exploration dans l'Indo-Chine, publié aux frais de l'Etat.

La mort l'a surpris en 1875, au moment où il se préparait à entreprendre un second voyage d'exploration dans la même contrée.

Enfin, il faut ajouter à cette liste le nom d'Auguste Bernard, mort à Paris en 1869, qui a fait faire un pas immense à notre science archéologique locale.

C'est un historien de grande valeur, aimant avec passion son pays, qui, entre autres ouvrages estimables, nous a laissé les *D'Urfé*, l'*Histoire du Forez* ; et de nombreux manuscrits, fruit de 40 ans d'une vie laborieuse.

Les institutions subsistent, les ruines encore debout, attestent la grandeur des temps disparus, seul, l'homme passe, oublié bien vite, à moins qu'il n'ait été utile à sa patrie. C'est un peu de poussière, qui tiendrait dans le creux de la main, et que l'on souffle au vent. J'aurais pu écrire en quelques lignes l'histoire du Forez, qui fit partie en dernier lieu de l'apanage des Reines-Mères, de Marie de Médicis (1611-1630) et d'Anne d'Autriche (1643) ; mais je tenais à utiliser les notes que P. Gras m'a laissées, et dont beaucoup sont de sa propre main.

Cette Histoire, pourrait au reste se résumer dans les rares évènements de quelque importance, qui suivent :

Invasions des Sarrazins. — Pestes nombreuses du XIIIᵉ au XVIIᵉ siècle. — Occupation des Anglais — Guerres de religion. — Le Baron des Adrets. — La trahison du Connétable de Bourbon. — Entrée de François Iᵉʳ à Montbrison. — Lutte des Montbrisonnais contre la Convention.

Je termine par ce vieil adage, qui me semble définir en peu de mots le caractère des habitants de cette époque.

Pour être bien à Montbrison, il fallait avoir :

Place au Bailliage. — Cave au Château. — Vigne aux Purelles.

CHAPITRE VI

La Révolution Française, eut pour immense résultat la reconnaissance formelle des *Droits de l'homme*. La noblesse féodale, pendant plusieurs siècles, fit abus de son influence, tout en poursuivant avec le clergé, il faut le reconnaître, une œuvre de civilisation.

Elle avait, nombre de fois, manqué aux plus simples devoirs de l'humanité; puis, tout à coup, elle succombait sous le poids de ses fautes, et se voyait obligée le 4 août 1789 de renoncer à ses priviléges. — Une noblesse de second ordre, bourgeoise, s'il faut ainsi la nommer, allait lui succéder après avoir pa-

tiemment et savamment préparé son avénement sous
le nom de *Tiers-Etat.*

Sans plus insister, il me semble intéressant de
jeter un rapide coup d'œil sur les évènements multiples, dont le Forez fut le théâtre pendant cette époque
néfaste. Les Généralités n'étaient plus. Suivant le
projet de Sieyès, la Constituante avait ordonné une
nouvelle division politique de la France en 83 départements, subdivisés en districts et cantons. La loi du
17 février 1800 maintint cette division, mais partagea
chaque département en arrondissements, dont la
circonscription était à peu près égale à celle des anciennes élections.

Au moment de la division du département de
Rhône-et-Loire (29 brumaire An II), celui de la Loire
dont le chef-lieu avait été provisoirement fixé à Feurs,
eut pour capitale Montbrison, malgré toutes les réclamations qui se produisirent, et les nombreuses
démarches des intéressés.

Parmi les députés foréziens, Forest réclamait pour
Roanne le siége de l'administration, Dupuy fils,
Dubouchet, Pressavin, soutenus du reste par Lan-
juinais plaidaient en faveur de Montbrison, Marcellin
Béraud défendait seul la cause de St-Etienne (1). Cet
obscur conventionnel s'était marié le 2 février 1775 à
Marie Delaroa, il était de son métier graveur sur
armes, et habitait la Grange-de-l'Œuvre avant son
élection (6 septembre 1792).

(1) *Les Députés Foréziens à la Convention.*

L'église de Notre-Dame-d'Espérance, de Montbrison, eut beaucoup à souffrir pendant la Révolution. Le Jubé fut détruit, les boiseries brûlées, les
vitraux brisés. Mʳ V. Durand, un des membres les
plus actifs de la Société de la Diana, pense que c'est à
cette époque, que disparut le remplage de la grande
rosace qui surmontait le portail, où suivant toute
probabilité, devaient être représentées les armoiries
des ducs de Bourbon. — Cette opinion me paraît fort
acceptable.

A ce moment, apparaît une sombre figure dont le
nom est dans toutes les mémoires, et qui reste encore
de nos jours, synonyme des plus grands vices (1).
Claude Javogues né en 1759 appartenait à une très
honorable famille, qui exerçait depuis longtemps le
notariat à Bellegarde, où les Comtes de Forez possédaient un château-fort démantelé en 1594, qui dominait le village à l'entrée de l'étroite vallée d'Anzieu et
commandait, par sa situation, la route de Lyon à
Montbrison.

Tour à tour militaire, clerc de procureur, il était
avocat obscur, quand la Révolution éclata. Il em-
brassa avec ardeur les idées nouvelles, et fit preuve
d'un Jacobinisme exalté qui le fit élire à la Convention en 1791. Deux ans après, en septembre 1793,
il était nommé représentant du peuple à Saint-
Etienne. Son premier acte, fut de faire séquestrer les
biens de plusieurs habitants notables. Il se rend

(1) *Le Forez sous la Terreur*, par J. M. Devet.

ensuite à Montbrison, rassemble une armée dans la plaine de Sury-le-Comtal, oblige les citoyens à marcher contre la ville de Lyon révoltée, qui fut prise, peu de temps après, par Dubois-Crancé, et décimée bientôt par les commissaires Collot-d'Herbois (1), Couthon et Fouché.

Lyon fut alors appelé Commune-Affranchie. Montbrison qui avait embrassé la même cause se nomma Mont-brisé, et le siège de l'administration fut transféré à Feurs.

Cet homme exalté, se vengea cruellement sur le pays de ses premiers insuccès, et de la mésestime générale que lui avait value son intempérance. Il ne fut pas seulement bourreau, mais encore voleur. Il désirait s'enrichir, et mettait la main sur la fortune d'autrui, enlevant l'or, l'argent monnayé et l'argenterie, réquisitions dont il donnait, suivant son bon plaisir, récépissé aux particuliers. A Saint-Etienne, il traquait les gens pour la taxe révolutionnaire, et signait des ordres d'écrou.

Il y vivait publiquement avec une femme connue sous le sobriquet de la *Merlasse*, qui put faire, grâce à son influence sur lui, quelques bonnes actions. C'est à Feurs que fonctionnait la Commission, toute à sa dévotion (2), qui était chargée de juger les personnes

(1) Acteur médiocre, qui se vengeait de ceux qui l'avaient sifflé à Lyon, et qui rentrant en maître dans la cité, fit tomber assez de têtes pour diminuer la clientèle des siffleurs.

(2) Dans cette Commission figuraient Lafaye jeune, Marcellin, Lapaluz, Darcourt, etc.

qu'il faisait arrêter dans le département : MM. Vincent de Soleymieux; Vinoy, avoué, Yvon, substitut, Fromage, ancien président du Tribunal, Detours, Bourdely, curé de la Fouillouse, ne périrent pas à Feurs, mais après la suppression du tribunal révolutionnaire de cette ville, ils furent conduits à Lyon et pour la plupart massacrés (1).

Il n'osa jamais se rendre à Roanne, il avait chargé de l'y représenter un gredin nommé Lapaluz, que personne n'a oublié.

M. Berry-Labarre, seigneur engagiste de Saint-Victor-sur-Loire, fut exécuté à Feurs le 23 décembre 1793 avec huit autres victimes parmi lesquelles MM. Demeaux, Punctis de Cindrieux, de Damas, Chevassieu, etc.

(1) La première exécution qui eut lieu à Feurs comprenait : MM. Michel Goyet, de Lesgalery du Tailloux (Pierre), Vial (André), Grammairien, à Champdieu.

Trois cents personnes environ du département de la Loire trouvèrent la mort pendant la période révolutionnaire de 1793-1794.

Dans le clergé, on compte vingt prêtres exécutés à Lyon et quatorze à Feurs.

Parmi les nobles, les principales victimes furent : MM. Bochetal-Lachaumette, de Saint-Bonnet-le-Château (Feurs), Chamboduc de la Garde (Lyon), Chavassieu (Antoine), avoué à Montbrison (Feurs), Chazelle, notaire, à Boën (Feurs), le comte Claude-Marie de Damas (Feurs), de Lachèze, procureur du roi, à Montbrison (Feurs), Demeaux aîné, président de la sénéchaussée de Montbrison (Feurs), Demeaux, de Merlieux (Feurs), de Rochefort père et fils (Feurs), Dubourg de Saint-Polgues (Feurs), Dame Marie de Vaugirard et son fils (Feurs), Lattard-Duchevalard (Feurs), Leconte père et fils (Feurs), Leyet, avoué (Feurs), Méjasson, notaire (Feurs), Punctis de la Tour (Lyon), Papier de Chazelles-sur-Lyon, et ses deux sœurs (Feurs), Puy de Mussieux (Lyon).

(Les mots entre parenthèses indiquent le lieu de l'exécution.)

Il poussait la cruauté jusqu'à regarder de sa fenêtre les victimes marcher au supplice. — Une chapelle expiatoire, rappelle encore aujourd'hui le lieu des *Rosiers*, où périrent un grand nombre de foréziens.

Voici à titre de curiosité, le texte d'une affiche dont j'ai un original. Elle contient copie de la lettre adressée par C. Javogues, à la Société populaire du canton de Néronde, suivie de la délibération de cette dernière qui fut transmise aux neuf communes du canton.

LIBERTÉ. — ÉGALITÉ.

COPIE

DE LA LETTRE ÉCRITE A LA SOCIÉTÉ POPULAIRE DU CANTON DE NÉRONDE, PAR LE CITOYEN CLAUDE JAVOGUES, REPRÉSENTANT DU PEUPLE.

Feurs le 2ᵉ jour de la seconde décade du deuxième mois de la seconde année de la République française, une et indivisible.

FRÈRES ET AMIS,

Je suis on ne peut plus sensible aux marques d'attachement et de confiance que vous me donnez. Les armées de la République ont remporté une grande victoire sur les rebelles, il ne s'agit plus que d'en recueillir les fruits; vous ne pouvez y parvenir que par la surveillance la plus active, en établissant des Comités pour faire arrêter toutes les personnes suspectes, ou qui ont donné, jusqu'à ce jour, des marques d'incivisme. Il ne faut plus de transaction avec la révolution, il faut marcher à grands pas vers le but de la prospérité publique.

Les Sociétés populaires doivent être désormais le plus ferme appui de la République; maintenez-y les grands principes, propagez les lumières, faites des actes de bienfaisance, déjouez tous les complots, vouez tous les tyrans à l'exécration, poursuivez jusque dans leurs repaires les égoïstes. — La Liberté, l'Egalité ou la Mort.

Salut et fraternité.

Signé : CLAUDE JAVOGUES.

Extrait du registre des délibérations de la Société populaire du canton de Néronde.

Dans la séance du 3 de la deuxième décade du second mois de l'an IIe de la République Française, une et indivisible.

Ouï le rapport du citoyen Mondon, commissaire, député par l'Assemblée près des représentants du peuple, pour leur témoigner la reconnaissance de la Société, et leur faire connaître la haute idée qu'elle avait de leur zèle, pour l'extinction du fédéralisme et l'anéantissement de tous les ennemis de la République, lecture faite par ledit commissaire de la réponse du citoyen CLAUDE JAVOGUES, un des représentants après les applaudissemens, les plus vifs, et avoir fait retentir les airs du cri : VIVE LA MONTAGNE, VIVE LA MONTAGNE, a été, par acclamation demandée et arrêtée l'impression de la lettre qui sera envoyée dans les neuf communes du canton, pour les réchauffer du feu sacré de l'amour de la Patrie, et les faire se consacrer à la gloire et au bonheur de la République Française, une et indivisible.

Signé : J.-M. CHEVROT, *président ;* MONDON, *commissaire ;* GARET, *secrétaire.*

Collationné :
FARGES, *secrétaire-adjoint.*

A Feurs, de l'Imprimerie de Marc Magnou, imprimeur du département de la Loire, 1793.

Singulier rapprochement, Gambetta a prononcé les mêmes paroles à Belleville.

Les populations du département, celles de Roanne en tête, eurent cependant le courage de se plaindre à la Convention des exactions et des cruautés dont elles étaient victimes. La protestation de Montbrison arriva seule en temps utile, mais elle n'aboutit à aucun résultat satisfaisant.

Ce scélérat ne devait pas longtemps échapper au sort qu'il méritait. Compromis dans le complot du camp de Grenelle, qui avait pour but de renverser le Directoire, il fut arrêté et mis en jugement avec dix-huit autres conjurés, entre autres un sieur Lafont, originaire de Montbrison et Huguet de Lyon, ex-conventionnel. Le 24 fructidor an IV, il écrivit de Montrouge à Carnot, au sujet de son arrestation.

L'affaire fut rapidement instruite. Le Conseil militaire convoqué par Froissac-Latour, général de division commandant la 1re division de l'armée de l'intérieur, fut présidé par Liénard, chef de bataillon 'de la 7e brigade d'infanterie. Ponsard, capitaine des grenadiers près la représentation nationale, fut chargé des fonctions de Ministère public (1).

Le Conseil le condamna à mort avec Lafont et Huguet, le 16 vendémiaire an IV. Il fut ramené à Grenelle et fusillé le lendemain.

Après la tourmente révolutionnaire, quand le calme fut revenu dans les esprits, à l'époque où l'on commençait à s'habituer aux changements sociaux qu'elle avait produits, la prospérité publique sembla renaître, grâce à l'Empire, créé à coups de canon et devenu tellement puissant, que toutes les nations du monde, s'inclinaient apeurées devant le sceptre de l'heureux César.

La petite ville de Montbrison reprit sa vie tranquille des anciens jours. On s'occupa tout d'abord de réparer les ruines amoncelées par la Terreur, et les dégats résultant de cette époque terrible. En 1807, sous l'administration de M. du Colombier, Préfet (2), M. Lachéze, maire patriote, administrateur actif, éclairé et entreprenant, fit effectuer d'importantes

(1) *Dossier Javogues.* Commission et Conseils militaires. Carton W2 554 Arch. N.

(2) *Précis historique et statistique du déportement de la Loire*, par H. du Lac, le Poy 1807, 2 vol. in 8^e

améliorations. Une grande partie des murailles de la ville fut détruite. Sur leurs épaisses fondations s'élevèrent quelques maisons au quartier St-Jean. Une portion du mur d'enceinte fut seule conservée : celle que l'on voit encore, prenant au bas du jardin du petit séminaire, et se terminant tout près de la rue de la Madeleine. De ce dernier point, en passant devant l'Oratoire, l'ancien couvent des Cordeliers, jusqu'à la porte St-Jean, elles furent entièrement démolies, et sur l'emplacement des fossés malsains que l'on combla, fut plantée une double rangée de platanes, très vigoureux, qui forment une promenade des plus agréables. La ville qui comptait 5,400 habitants fut assainie, des constructions nouvelles mieux aménagées furent édifiées, quelques rues furent élargies. Les bâtiments qui restaient des anciens couvents servirent à l'installation de divers services administratifs. L'hôtel de la préfecture occupait l'ancien collège des Oratoriens, et le collège ecclésiastique créé par décret du 27 thermidor an XII était ouvert en 1808 aux Ursulines. C'est là qu'on avait primitivement déposé les 6,400 volumes, qui formaient, en ce temps toute la bibliothèque de la ville.

Les auteurs qui se sont occupés de cette époque, sont unanimes à rendre justice à l'administration locale et à reconnaître ses services ; faut-il nommer M. Demeaux, lieutenant général au bailliage de Montbrison, élu président du Tiers-État, qui le lendemain des élections aux Etats-généraux du 27 mars 1789, signalait comme dangereuse, l'agitation produite dans l'assemblée électorale ; Lachèze, Procureur du roi, de Brioude, Procureur général de la Cour criminelle et bien d'autres encore.

Parmi les préfets : Nous trouvons des noms illustres et bien connus : le comte de Rambuteau (1814), le vicomte de Nonneville (1815), le baron de Chaulieu (1823), Gasparin (1830), de Norvins (1831), Bret (1832), etc.

Les députés de la Loire en 1817 se nommaient MM. le comte de Vougy, Dugas des Varennes, Battant de Pommerol.

Les membres du conseil général étaient alors Battant de Pommerol, Courbon de Saint-Genest, d'Allard, le maire M. le chevalier Dumoncel, le comte de Vougy (Rémy).

Dans le conseil municipal, composé de trente membres, nous trouvons MM. Ardaillon, avoué ; Barban, avoué ; Courbon de Saint-Genest, d'Allard, Demeaux (Camille), Dussert, juge ; Levet, chirurgien ; Gerentet-Vazeilhes, propriétaire, etc.

Le tribunal civil de Montbrison, composé de deux chambres, avait reçu l'institution royale par Ordonnance du 10 janvier 1816. Il avait pour président M. Battant de Pommerol, M. Durand, était vice-président ; M. Souchon, juge d'instruction.

Voici le nom des juges : MM. Boudot, Recorbet, Meynis, Rony, Lambert, puis Barban et Chantelauze père, juges suppléants.

En 1835, les députés des cinq arrondissements électoraux du département étaient MM. Ardaillon (Saint-

Chamond), Peyret-Lallier (Saint-Etienne), Lachèze fils (Montbrison), Durozier (Feurs), Baude (Roanne).

M. H. Levet occupait le poste de secrétaire général de la préfecture. Il faut citer les conseillers Lachèze père, Barban père, Bouchetal-Laroche. Le maire s'appelait Rater; il était secondé par MM. Bournat et Barban.

Nous retrouvons au tribunal, MM. Lachèze fils, président; Durand, vice-président; Lambert, Devazhelhes, Ardaillon, Mondon, Dosier et Boudot, juges. M. Dulac jeune, était greffier, et avait pour commis le père de mon ami Aubrin Digoin.

A partir du XIV⁰ siècle, Saint-Etienne prend quelque importance. La ville obtient de Charles VII l'autorisation de se clore; on y construisit des murailles de 500 mètres de développement, bientôt trop étroites.

François I⁰ʳ y établit une fabrique d'armes à feu, dont les guerres religieuses du XVII⁰ siècle firent la prospérité. (1)

Un document de 1206 nous fait connaître que cette petite ville, possédait une chapelle d'abord dédiée à saint Laurent, puis placée sous le vocable de saint Etienne. Son emplacement dépendait de la paroisse de Saint-Priest.

Le recensement de février 1790 donne à Saint-Etienne 18,559 habitants. Avec l'agglomération Mon-

(1) *Saint-Etienne et son histoire*, par A. Bernard, 1842. in-8⁰. — *Histoire des villes de France*. Furne, Paris 1844 (page 421).

taud, Valbenoîte, Saint-Etienne-outre-Furens, la population s'élevait à 27,269 habitants.

Vers 1645, à la suite du démembrement temporaire du bailliage de Montbrison, il y eut à Saint-Etienne une sénéchaussée ; quelques mois après l'exercice en fut fixé à Montbrison, et les anciens officiers du bailliage en acquirent les charges.

En 1667, sur la demande des habitants molestés par le comte de Châlus, marquis de Saint-Priest, la sénéchaussée y fut rétablie et la justice rendue par des magistrats détachés de Montbrison. En 1766, elle fut de nouveau transférée dans cette ville, où elle resta jusqu'à l'établissement des tribunaux de district en 1790.

L'intendant d'Herbigny dit, en parlant de Saint-Etienne (1698) : « La population à la réserve de quel-« ques familles qui s'étaient formées par le com-« merce ne se compose que de petits artisans. » Voici son opinion sur Montbrison, alors séjour d'une partie de la noblesse forézienne : « Cela est bon pour « vivre, mais non pour gagner du bien. »

Le poète Desforges-Maillard, qui signait ses œuvres d'un nom de femme, écrivait en 173... au comte de Rivarol, au château d'Ecotay-l'Olme : « L'enceinte « et les environs de la capitale du Forez, ont été et « sont encore le théâtre des plus jolies scènes « galantes, et je pense, que les tendres chroniques « du fameux d'Urphé en entretiennent le goût « dans une contrée, où son roman est encore à la « mode. »

> Car j'ai vu qu'à Montbrison,
> Dès que la jeune saison
> Fait pousser la violette,
> Les jeunes cœurs à foison, etc., etc.

En 1855, Saint-Etienne était une ville industrielle fort importante, ayant une population de près de cent mille habitants ; il ne paraît donc pas étonnant que l'on ait songé à y transporter le 31 décembre de cette même année, la préfecture et ses divers services.

Cette translation (Décret Impérial du mois de juillet 1855), n'eut pas lieu sans de nombreuses réclamations; outre les hautes influences que l'on faisait agir, et qui n'aboutirent pas, on composait des brochures d'actualité, et le peuple chansonnait le projet nouveau.

Je me souviens d'une chanson imprimée chez Cheminal, dont l'auteur m'est inconnu, et dont à mon grand regret, je ne retrouve dans ma mémoire que le premier couplet :

> Les gros bonnets de la Magistrature
> Voulant un jour se décrasser les mains,
> Tinrent conseil, pour que la Préfecture
> Allât chez eux porter ses parchemins.
> Non, non, ils ne l'auront pas, } *bis*
> La Préfecture restera là. }

Seul, le siège de la cour d'assises y fut conservé. On songea, un peu plus tard, à demander une bien faible compensation. Malgré d'actives démarches, la ville ne put obtenir la création d'un Évêché à Montbrison. L'on se demande en vérité, les résultats qu'aurait pu avoir sur la prospérité du pays, cette fiche de consolation (1).

M. Chamboduc de Saint-Pulgent administrait la commune de Montverdun, quand il fut appelé par M. Ponsard, alors préfet, à prendre la succession, comme maire de Montbrison, de M. Durand nommé juge au Tribunal civil. On lui donnait pour adjoints, MM. de Belleperche et Laffay.

On trouvait au Conseil municipal : MM. Bouvier, Griffon, Chazelle, Couchoux, Pitiot, Souchon du Chevalard, Bournat, Georges Blanc, etc. On ne peut méconnaître que M. de Saint-Pulgent, jusqu'à sa nomination comme Préfet de l'Ain, (fin septembre 1861) ne se soit montré à la hauteur de ses fonctions. Sous son intelligente administration, bien des améliorations nouvelles furent effectuées : Ouverture de la route du Vizezy, création d'un jardin public, construction de la halle aux blés, salle d'asile, fontaines, abattoir, transformation du quartier de la boucherie, projet de reconstruction de l'église Saint-Pierre.

Malgré ces titres appréciables, on a accusé l'ancien

(1) *De l'institution d'un siège épiscopal à Montbrison*, par V. Durand, in-8°, Saint-Etienne, 1858.

Quelques réflexions sur le projet d'un évêché à Montbrison (anonyme) Lyon 1858.

Mémoire sur la création d'un évêché et d'établissements diocésains dans le département de la Loire, par Vincent Durand. — Paris 1873.

maire d'avoir mal géré les finances de la ville.
Il s'en est expliqué lui-même dans un mémoire
qu'on peut lire avec fruit (1) ; mais beaucoup sans
doute, penseront avec moi que ce plaidoyer a dû
être jugé inutile par les amis de l'auteur, trop
insuffisant par ceux qui critiquaient son administration.

Il a toutefois pour excuse d'avoir essayé de faire
GRAND. Il possédait dans le tempérament, le caractère,
les tendances d'esprit, quelques rares affinités avec
les hommes qui ont fait preuve, sous le deuxième
empire, d'une incontestable valeur.

Mais il resta nain à côté de colosses.

Très populaire dans le pays, beau parleur, affable,
vêtu à la dernière mode, le sourire perpétuellement
aux lèvres, il prodiguait les poignées de main, mais
oubliait le plus souvent les promesses qu'il faisait
avec une prodigalité de grand seigneur.

J'arrive à une époque que j'ai bien connue, c'est la
partie importante de ce chapitre, comme aussi la plus
délicate à traiter, à cause des susceptibilités que je
puis froisser, alors même que je resterais dans les
limites des appréciations permises.

Il me paraît intéressant de donner quelques détails
sur cette société, au milieu de laquelle nous vécûmes
avec Pierre Gras, que je viens d'oublier un instant.

J'ai cru utile de faire connaître ce qu'il en pen-

1) *Mémoires pour servir à l'histoire de l'Administration municipale de
Montbrison, d'août 1855 à septembre 1861*, par H. de Saint-Pulgent
ancien maire, Saint-Etienne, Théolier — 1871.

sait lui-même, et l'on devinera dans les lignes qui suivent, avec quelle rectitude de jugement il appréciait les personnes qui jouèrent dans son existence un rôle plus ou moins accusé. J'aurais pu, je le sais, m'éviter les désagréments de la critique, or je persiste à croire que c'est surtout dans le milieu où ils se meuvent, qu'il faut voir et juger les hommes. J'ai peut-être un travers d'esprit, mais assurément aucun parti pris, et si l'on peut me reprocher quelque défaut, c'est de dire trop crûment ma façon de penser.

Il semble — du moins c'est la croyance vulgaire — que la biographie d'un homme ne saurait comporter de trop longs développements, et qu'elle doit se renfermer dans les détails qui lui sont personnels.

C'est une erreur: il ne suffit pas de synthétiser la physionomie qu'on étudie, de parler des qualités et des défauts du personnage vivant ou mort, dont l'on présente le portrait au public, il faut, en outre, que cette *Entité* subisse l'analyse, c'est le seul moyen d'intéresser le lecteur. — Pour moi, j'écris ce que je pense, et, avant tout, je pense ce que j'écris. Je suis l'ennemi des niaiseries, des situations ordinaires, qui n'offrent ni danger, ni imprévu. Quand je me promène en forêt, je ne fréquente pas, comme tout le monde, les chemins battus; la grande route alignée me fait horreur, je recherche la solitude, les sentiers ombreux, les lacets étroits où le pied trouve à peine la place pour se poser, je vais où mon esprit me pousse, à l'aventure, sans m'inquiéter de

tout ce qui grouille autour de moi. De même, quand
j'écris, j'embrasse d'un coup d'œil les grandes lignes
de mon travail, cherchant toujours le côté original,
rompant avec toutes les vieilles rengaînes communé-
ment adoptées.

Cette déclaration faite, me voici fort à l'aise pour
parler — ceux qui ne seraient pas satisfaits n'ont
qu'à fermer ce livre — ou passer au chapitre suivant.
Je leur confesse que je n'ai aucun amour-propre d'auteur.

Comme je l'ai fait remarquer plus haut, les principales familles s'étaient éteintes ; fort peu d'entre elles
avaient laissé dans le Forez quelque représentant
éloigné. Sans compter les Lavieu, Couzan, d'Apchon,
Talaru, Apinac ; les trois principales maisons dispa-
rurent presque simultanément. En 1724 le dernier
Marquis de Saint-Priest, après avoir vendu son mar-
quisat à un nommé Peyrenc de Moras, ancien *calicot*
enrichi par le système Law, transformé en marquis
de Grosbois, etc., mourut à Saint-Etienne, dans une
misère noire.

Un des derniers rejetons de cette noble famille qui
comptait cinq siècles d'existence, avait épousé l'héritière des Couzan ; c'était un des quatre seigneurs qui
allèrent en 1615, recevoir à la frontière d'Espagne
Anne d'Autriche, fiancée de Louis XIII.

Après la mort du petit-fils de Jacques d'Urfé, ses
terres passèrent par alliance à un Larochefoucault,
dont le fils, colonel, périt à Tortone (1734).

Le duc de Roannais, ami de Pascal, avait en 1667

cédé son duché à sa sœur, qui l'apporta au duc d'Aubusson de la Feuillade. — Après 1725, il devint par suite d'alliance propriété du duc d'Harcourt.

Dans la deuxième moitié du XVIIe siècle, on constate la transmission fréquente, par achat ou mariage, des domaines féodaux à des bourgeois enrichis. (1)

La seigneurie de Rochetaillée fut achetée en 1645 par un sieur Badol.

Le duc de Gadagne, Marquis de Nérestang, acquéreur de Cornillon en 1677, avait été forcé de le revendre à Jacquier, notaire à Saint-Etienne.

Roche-la-Molière fut vendue par les Capponi à Duon, Président des trésoriers de France à Lyon. Après les Chapuis de la Goutte, qui en furent possesseurs, ce domaine fut acquis par M. Neyron, négociant à Saint-Etienne.

M. Broutin a écrit ce qui suit : « La noblesse est
» encore un culte à Montbrison, et cette idée y est en
» si grande faveur que, bien que la vieille noblesse
» n'y existe plus qu'en souvenir, une nouvelle née
» pendant le XVIIe siècle s'est cramponnée pour ainsi
» dire aux anciens fiefs, y a d'abord attaché son nom
» moderne, puis, la richesse aidant, car l'or est partout une condition de succès, elle n'a pas tardé à
» oublier son nom d'hier, pour garder comme sien
» celui du fief d'autrefois. « (2)

Pierre Gras, dans son *Armorial* (3), qui n'a été

(1). *Mémoires des intendants, 1697-1698. Généralité de Lyon.*

(2). *Histoire des couvents de Montbrison avant 1793,* par A. Broutin.

(3) *Armorial général du Forez,* par L.-Pierre Gras, un vol. in-8°, 1874.

publié qu'après sa mort, par les soins de M⁰ Vachez,
avocat à la Cour d'appel de Lyon, un érudit dont tout
le monde apprécie la juste valeur, avait également
déclaré : « Qu'il ne s'agit pas d'une publication ayant
pour objet de satisfaire de vaniteuses prétentions...
pas davantage d'un livre de curiosité ».

C'est dire assez clairement qu'il veut être vrai, rendre à chacun ce qui lui est dû, et qu'il n'hésitera point,
comme il l'a fait du reste, à restituer, à la noblesse
moderne son véritable nom patronymique, à côté
d'un autre d'ordinaire plus ronflant, qu'il lui a plu de
s'octroyer, comme possesseur de fiefs ou d'antiques
châtellenies. Cette tendance n'est pas nouvelle : Nous
trouvons, dans les œuvres d'Henrys, mention d'un
curieux procès qui eut lieu, en 1703, au bailliage de
Montbrison, à la requête du Procureur du roi, contre
ceux qui usurpaient des titres. Un arrêt du Conseil,
rendu le 25 février, prononça « que Pierre Boyer,
» Chirat de Montrouge, conseillers au bailliage de
» Forez, et Antoine Henrys, président de l'élection
» de Montbrison, qui se faisaient appeler nobles,
» ne l'étaient pas, et que le premier titre de noblesse
» était celui de messire, chevalier et écuier ».

Il faut bien remarquer, ce qui peut être une excuse,
que les guerres civiles du XVIᵈ siècle ruinèrent beaucoup de nobles. La moitié des fiefs devint propriété
de bourgeois qui obtinrent aisément d'un notaire
complaisant le titre illégal d'écuier, sieur de... n'importe quoi.

Le 16 février 1704, Thomas Bussière, seigneur de

la Salle, avocat du roi et au bailliage de Montbrison,
maire de cette ville, fut condamné à 2.200 livres pour
usurpation du titre de noblesse.

Un second arrêt, rendu sur appel, déclara « que
» la qualité de noble par lui prise ci-devant, con-
» jointement avec celle d'avocat du Roy, et
» qu'il prendra ci-après comme maire ne sau-
» rait luy acquérir, n'y à ses enfants, le titre
» de noblesse (1) ».

Un édit du roi (Versailles, janvier 1707) avait con-
firmé les échevins de la ville de Lyon dans le privilège
de noblesse. Une ordonnance (18 novembre 1706) permit au maire de Montbrison de prendre la qualité de
noble (2).

Mon ami connaissait à fond cette aristocratie
vaniteuse; il savait par cœur sa généalogie, et,
mieux que personne, pouvait la juger.

De fait, il revenait souvent sur ce sujet, à côté des
points historiques qui permettaient à mon esprit de
classer, suivant leur mérite, certaines familles ; il
mêlait parfois des aperçus et des réflexions d'une
originalité saisissante qui m'épouvantaient.

Nul ne saura jamais quelle verve féconde, quelle
chaleur ardente, quelle ironie, il mettait à m'entretenir

(1) *Recueil Thoisy*. Droit civil et public, in-4°, tome 62. Edits, déclarations
arrêts et réglements concernant la recherche et condamnation des usurpateurs
des titres de noblesse, à l'honneur des véritables gentilshommes.

(2) *Ordonnance de Nosseigneurs les Commissaires du Conseil pour la
noblesse*, Paris, chez Mazuel, 1707.

de quelques médiocrités sans valeur. Je ne puis répéter ici tout ce que j'ai appris sur elles, encore moins publier certains renseignements purement confidentiels. On crierait au scandale, et j'affirme que je n'ai jamais eu l'intention d'écrire un pamphlet. Je garde pour moi ces documents que je puis utiliser plus tard, à l'heure où il me plaira de les donner au public.

Dans nos promenades fréquentes, il s'exprimait en termes violents, mais généralement justes, sur les hommes et la marche des événements de l'époque. Il avait, à coup sûr, le caractère aigri par ses longues luttes, il souffrait intérieurement d'être traité en petit garçon.

A mon avis, il jugeait trop sévèrement cette *Noblesse de contrebande*, qui dans ce petit coin de terre devait son prestige plutôt à ses écus, qu'à la supériorité de son intelligence et à l'élévation de ses sentiments. J'étais moins exagéré que lui. Je comprends l'autorité que donne la naissance. J'adore la noblesse quand elle sait se faire aimer, alors même qu'elle ne peut exhiber *Seize quartiers*.

J'ai fait depuis, cette singulière remarque: Plus un pays se démocratise, plus il recherche avec ardeur le galon, plus les classes inférieures s'élèvent sur l'échelle sociale, plus on met de prix aux qualifications et distinctions honorifiques. On décapite volontiers le nom de ses aïeux, pour y ajouter une particule tardive, qui en fait ne signifie rien. — C'est le règne de l'orgueil. Comme dans toutes les petites villes qui ont gardé le cachet de l'époque féodale, une démarcation bien tranchée, séparait les Nobles des Bourgeois.

Le chef reconnu du parti légitimiste était M. le Vicomte Camille-Adrien de Meaux (1). L'illustration récente de cette famille avait pour origine la possession de la terre et du vieux château d'Urfé, qu'elle avait acquises de M. de Simiane. Autour de lui se groupaient, avec des nuances politiques variées, MM. du Plessis (Lebas), du Chevalard (Souchon) ancien Recteur départemental d'académie, devenu agriculteur sur ses vieux jours ; de Sugny (Sabot), de Sasselanges (Saignard), de Curraize (Goulard), de Saint-Pulgent (Chamboduc), de Vougy (Michon), de la Plagne (Roux), de la Bruyère (Morel), de Pommerol (Battant), de Quirielle (Simon), de Montrouge (Chirat, des Périchons (Genier), de Poncins (Montagne) et un très grand nombre de châtelains, dont les noms ne figurent pas à l'armorial général, soit qu'ils aient dédaigné d'y faire inscrire leurs armoiries par le sieur d'Hozier, soit qu'ils n'eussent point à cette époque, le moindre prétexte pour les porter. Je dois cependant faire une exception, et c'est justice, pour d'autres dont les titres nobiliaires sont parfaitement établis, les d'Argy, les de Lescure, de Rostaing, de Charpin-Feugerolles, etc.

(1) *Armorial manuscrit de d'Hozier* Vol. 17, généralité de Lyon, cab. des itres 385:

« Guillaume Demeaux écuier porte : *d'Azur à un chevron d'or, accompagné en chef de deux étoilles d'or*, et en pointe *d'un trèfle de même.*

acques Demeaux marchand, porte les mêmes armes, qui ne diffèrent que par les étoiles et le trèfle, qui sont d'argent.

M. de Meaux, gendre de Montalembert, possédait
une fortune assez ronde, et commençait dès 1861 à
fixer sur lui l'attention. Homme de mérite, il décuplait
par un travail opiniâtre, des qualités d'esprit remarquables, mais sous les apparences d'un amour ardent
du bien-être des masses, on devinait une vague ambition qu'il eut été impossible de bien préciser. Il
cherchait à se rendre ainsi populaire, comptant sur
la bêtise humaine, qui est un levier puissant, aux
mains de ceux qui savent s'en servir.

Il était alors, et a dû rester meilleur écrivain
qu'orateur.

Candidat plusieurs fois malheureux sous l'Empire,
il fut enfin élu Député de la Loire en 1871 puis
nommé Sénateur en 1876 (1).

Ministre du Commerce et de l'Agriculture, il n'a
oublié, dans cette haute situation, aucun de ceux qui
appartenaient à son parti, et auxquels il devait un
peu de reconnaissance (2).

Je me demande ce qu'aurait pensé Gras, de cette

(1) Lors des élections de février 1876, il y avait trois sénateurs à élire dans
a Loire. Le nombre des électeurs était de 399. M. de Montgolfier, député
bonapartiste, fut élu par 218 voix; M. de Meaux, ministre du commerce et de
l'agriculture, obtint 205 voix. Au troisième tour, M. Arbel, député républicain, fut nommé par 208 voix. contre 181 qu'obtint M. de Sugny, député légitimiste.

(2) Il était entré dans le cabinet du 10 mars 1875. Le 8 avril suivant, il
prononçait ces paroles, qui sont certainement fort adroites, au banquet de la
Chambre de commerce de Saint-Etienne :

« Au régime républicain, établi en fait à la chute de l'Empire, l'Assemblée
« nationale a substitué un régime républicain plus nettement défini et muni

rapide fortune politique qui devait être de courte
durée. En effet, et j'en ai toujours ignoré le vrai
motif, il n'aimait pas le Vicomte. — Personnellement
j'ai fort peu connu M. de Meaux. Alors que je débu-
tais dans l'Administration des forêts à Montbrison,
je présentais à la Société d'Agriculture de cette
ville, dont j'étais membre, un mémoire en réponse
au rapport qu'il avait rédigé sur les prétendus inconvénients du reboisement obligatoire dans les
montagnes du Forez. La Société ordonna l'impression de ces deux documents dans son bulletin
trimestriel (1).

Je ne conservai que des relations de simple politesse avec mon influent contradicteur, qui obtint
gain de cause, jusqu'au jour, où Garde général des
forêts dans une ville du Dauphiné, président, à
mon tour, d'une importante Société Agricole dont
un des vice-présidents, alors député, est devenu
sénateur; j'eus l'honneur de lui écrire pour le
prier de me recommander à son collègue Wallon.
Il ne prit même pas la peine de me répondre. Je
l'affirme ici, je n'ai gardé aucune rancune au seigneur
de Merlieux et d'Ecotay-l'Olme. Je connais trop

« d'organes plus réguliers. Je ne me suis pas associé par mon vote à cette
« dernière résolution, mes plus profondes, mes plus chères convictions ne
« me le permettant pas. Mais, une fois rendue, la loi s'impose au respect de
« tous, d'abord parce qu'elle est la loi, ensuite parce qu'elle a pris le part
« de respecter toutes les convictions honnêtes, ne fermant la porte de
« l'avenir qu'aux coups d'état et aux révolutions. »

1) *Bulletin du Cultivateur forézien*. — Mars 1863.

les préoccupations d'un Ministre, toujours obligé de veiller sur son portefeuille, et qui entasse dans les poches de son *Marocain* plusieurs centaines de demandes de quémandeurs.

.... Je n'ai qu'à rire de ma naïveté.

Il y avait alors à Montbrison, outre le Cercle du Cloître Notre-Dame, où nous autres gamins, n'étions pas admis, un véritable cénacle, qui se tenait chaque matin dans la boutique de M. Lafond, libraire dans la Grande Rue. On y rencontrait presque toutes les notabilités dont je viens de citer les noms, le curé de Notre-Dame et des professeurs du petit séminaire, et parmi eux l'abbé Dupuy, le plus assidu, le gros Pelardy, vulgaire médiocrité, et d'autres encore qui n'ouvraient jamais la bouche, se contentant d'écouter ou d'opiner du bonnet.

Mon père y venait chaque jour, car il était personnellement lié avec M. Mathieu Lafond dont il appréciait toutes les excellentes qualités, et qui est mort le 23 juin 1885, à l'âge de 75 ans.

Il gardait de *Conrart* le silence prudent, ou amenait la conversation sur un autre sujet. Il eut été dangereux pour un fonctionnaire public de laisser deviner, et d'affirmer trop hautement ses prédilections. Dans ce club de gens bien élevés, on discutait politique. On supputait les chances d'une restauration monarchique ; on attaquait plus généralement le gouvernement qu'on ne lui rendait justice. Par une aberration trop commune aux hommes de parti, on feignait de ne pas comprendre, afin de ne pas approuver, ce que les gouvernants de l'époque faisaient de bon par hazard.

Nombre de légitimistes, beaucoup de bonapartistes du lendemain, deux ou trois républicains convaincus et brâillards, telle était à peu près la composition de ces réunions, où nous nous glissions curieux, Gras, Garnier et moi, emportant chacun des appréciations bien différentes.

Qu'on ne s'imagine pas toutefois, par ce que je viens de dire, comme le sincère écho de ce que j'ai si souvent entendu répéter, que Gras fut jaloux et méchant. C'était au fond une excellente nature, mais les déceptions de la jeunesse lui avaient laissé au cœur une plaie profonde ; il ne conservait plus d'illusions sur l'humanité, il en connaissait bien les défauts, et déplorait les bassesses dont il était à tout instant l'involontaire témoin.

Il préférait de beaucoup la classe bourgeoise, il la voyait grandir, et ne se méprenait point sur le rôle que lui réserve l'avenir. A cette époque, je parle de plus de trente ans, elle était encore timide et subissait l'influence de la classe supérieure et du clergé, peu habituée à sa récente émancipation, ne mesurant pas suffisamment l'étendue des droits qu'elle avait tout à coup conquis.

De nombreuses familles ayant quelques rentes, pignon sur rue, dont le chef exerçait une profession libérale ou industrielle, vivaient à Montbrison.

La famille Dulac occupait dans la médecine, comme au bareau, une des premières places. Son autorité était grande, elle était aimée, respectée de tous, et les fils continuent les traditions paternelles.

Les de la Noërie jouissaient, eux aussi, de l'estime publique. M. Chazelle avait su mériter, surtout dans les campagnes, une très grande confiance comme notaire.

Après bien des revers, qui restent pour beaucoup inexplicables, son nom s'est éteint avec Pierre et Albin, ses fils, qui ne lui avaient pas ménagé les ennuis. Les docteurs Martel et Guigrand avaient acquis une grande popularité. Ils ne sont plus. Le docteur Rey exerce encore, malgré son grand âge, la médecine; il aime les beaux arts et s'occupe de travaux historiques.

M. Bouvier, avoué, dont les fils furent également nos camarades, avait pour clerc M. Barret, que nous rencontrions avec plaisir le soir au café Chialvo : jeune homme froid, réservé, sérieux, bon camarade, il est aujourd'hui juge de paix du canton de Chambon-Feugerolles.

Me Delmas, qui avait épousé Mlle Gontard, femme fort distinguée, occupait un des premiers rangs parmi les avocats de la ville. Il avait trois filles : l'aînée, Thérèse, a épousé M. Baldit, employé des télégraphes, qui dut à l'influence de son beau-père d'être nommé percepteur à Saint-Sixte; la cadette, Anaïs, restera sans doute vieille tante; la plus jeune, Adèle, est la femme de l'organiste de Notre-Dame.

M. Majoux, maire et avoué, que les succès de

Saint-Pulgent empêchaient de dormir, flatta à son tour M. de Persigny, le grand protecteur.

Je sais qu'il a été percepteur de Rive-de-Gier et de la ville d'Eu, peut-être même receveur particulier des finances, mais j'ignore complètement ce qu'il est devenu.

Faut-il citer encore, dans la classe aisée, MM. Pagnon, marchand de farines, frère de notre bon supérieur du petit séminaire; Dussud, avoué, musicien, excellent joueur de billard, *Vigneau* de province fort réussi ; Crozier, l'aimable notaire, qui nous offrait de charmantes soirées à la Louis XV, qui jouit maintenant des douceurs qu'offre la fortune dans son domaine de la Corée, où il s'occupe de viticulture, après avoir longtemps noirci du papier timbré.

Il porte fièrement à la boutonnière le ruban du « Mérite agricole » (fondation Méline), que l'on a surnommé irrévérencieusement l'« Ordre du Poireau ».

M. Robert était également jeune notaire. Il eut la bonne fortune de dresser les actes relatifs à la cession des terrains nécessaires à l'ouverture de la route conduisant à la gare du chemin de fer, et obtint en sus de ses honoraires la propriété d'un petit pavillon, précédé d'une épaisse charmille, tout près du couvent de Sainte-Claire, que les bonnes langues avaient surnommé la *Tour de Nesles*.

Pierre Gras aimait toutes ces familles du *Crû*, comme il se plaisait à les désigner. Mais il affectionnait surtout M. Boudot, vice-président du tribunal civil, où siégeaient MM. Durand, Chaize, Cozon, Goybet et Candy, sous la présidence de M. Bravard.

Je ne puis m'abstenir de parler d'une bien originale physionomie, le corse Simonetty, directeur de l'usine à gaz. On raconte que, lors du passage à Montrond du prince Louis Napoléon, Président de la République, il fut l'un des premiers à aller saluer le soleil levant. Il s'en tira, paraît-il, fort crânement, en lui adressant ces paroles : *Sire, vous éclairez le Monde, moi, j'éclaire la ville de Montbrison, je vous présente Clara ma fille.*

Se non vero, bene trovato.

Ce que je puis dire, c'est que les yeux de l'aimable enfant étaient de nature à allumer, à dix pas les becs de gaz fort rares et peu lumineux de la ville.

M. Simonetty avait deux demoiselles, jolies à ravir et fort bien élevées. La cadette, directrice des postes à Noirétable, n'a point tardé à suivre son père dans la tombe ; l'autre a épousé M. Barban, juge de paix, dans un des cantons du Lyonnais.

Il eut pour successeur Litez de Tiverval, franc et joyeux noceur, qui remplissait, il y a peu d'années encore, à Bordeaux, des fonctions analogues peu compatibles avec son intelligence et son éducation.

Sa fillette, Mlle Henriette de Tiverval, est aujourd'hui une jeune personne qui a reçu une très bonne éducation, et n'est pas encore mariée.

Qui n'a connu, à Montbrison, un peintre nommé Cugnet Van Liemen, flamand d'origine, chez lequel se révélait quelque talent. C'était, au fond, un rapin de la bonne école qui avait plû à Saint-Pulgent, il dessinait bien et possédait la science de la couleur. Subventionné par le conseil municipal, il avait peint, pour la ville, deux tableaux qui commencèrent sa réputation.

Je possède de lui un troupeau de moutons dans le genre du peintre Jacques, un maître estimé, et deux peintures, l'une représentant la petite chute du Vizezy, près du pont Saint-Jean, l'autre la rue Tupinerie, vue de dos.

Je n'ai pas dit un mot de certains autres personnages devenus députés ou sénateurs. — Je gardais le morceau pour la bonne bouche.

M. Chavassieu, membre de l'Assemblée nationale de 1871, qui vient de se démettre de son mandat de sénateur, est cousin de Victor de Laprade et petit-fils d'un royaliste guillotiné en 1793. Il avait été précédemment maire de Montbrison, député à la Constituante en 1848, puis s'était retiré de la vie publique après le coup d'Etat — Il est demeuré ce qu'il fut toujours, un homme serviable, une excellente nature au fond, mais d'un caractère faible et facile à entraîner par ses amis.

A l'époque dont je parle, on le laissait un peu de côté, et ses relations étaient fort restreintes. On craignait, avec raison, de se compromettre dans un temps où la conduite politique et même privée, était l'objet chaque mois d'un rapport spécial du parquet.

M. Georges Levet, qui suivant un spirituel biographe, « est myope à prendre à deux pas Ferry pour un honnête homme » est jeune encore. Fils d'un ancien secrétaire-général de préfecture, devenu sous-préfet en 1852, il a été lui-même maire de Montbrison, où il a laissé les meilleurs souvenirs.

Il possède en outre de la fortune, ce qui n'est jamais objet de luxe, jouit d'une grande popularité et s'est montré toujours sagement libéral, (1)

C'est assurément plus de titres qu'il n'en fallait pour siéger au Palais-Bourbon, où il représente la première cir conscription de Montbrison.

En 1862, M. François Reymond, ingénieur civil, dont l'ambition semblait nettement se dessiner, commençait à faire parler de lui.

Il s'était, dit-on, enrichi dans son métier et avait nouvellement transformé tout un quartier malsain de la ville, où il a fait élever d'élégantes constructions dont il sait tirer fort bon parti. Il a épousé Mlle Judith Blanc, nièce de mon ancien professeur de rhétorique, puis est arrivé à la députation. Il a aujourd'hui cinquante-neuf ans bien sonnés et vient d'être élu sénateur en remplacement de M. Chavassieu.

(1) La représentation du département de la Loire en 1888 est ainsi composée :

Sénateurs : MM. Brossard, — Brunon, — Magdinier, — Reymond.

Députés : MM. Levet (Georges), — Audiffred, — Crozet-Fourneyron, — Bourganel, — Imbert, — Laur, — Dorian, — N.... ....

J'ai fort peu connu M. Reymond, et je me borne à reproduire le portrait que fait de lui le *Figaro* (1).

Au cours de l'année 1852, mon père avait acheté, non loin du lieu dit *Tour de la Roue*, où l'historien Foderé (2) place à une époque inconnue une grande ville tout aussi inconnue, quelques journalées de vignes avec une petite loge en pisé. Epris du site, enchanté de la vue panoramique que l'on découvrait du monticule, sur lequel six vieux chênes de très belle venue, formaient une voûte impénétrable aux trop vifs rayons du soleil, il avait fait augmenter la construc-

(1) REYMOND (FRANÇOIS)

48 ans

Député de Montbrison (Loire) — 7,955 voix

« Marié à la petite-fille du conventionnel Javogues, la terreur du Forez, Fils de géomètre, ingénieur civil, s'est enrichi en construisant des ponts, des chemins de fer et en exploitant des mines en Corse. Rêve d'aller faire de grands travaux de canalisation en Perse. Républicain modéré, va à la messe, au moins en temps d'élection. A essayé d'être candidat agréable sous l'Empire ; aurait pu être accepté par les conservateurs, qui ont peut-être commis une faute, en le rejetant du côté gauche. Petit, trapu, très brun, les yeux expressifs, la physionomie dure, l'air commun, cherchant à se donner de l'importance et se croyant indispensable. A la sympathie particulière et bizarre des pharmaciens qui se font partout ses courtiers électoraux et donnent des consultations gratuites à ceux qui votent pour lui. Explique qui pourra ce mystérieux accord de la rhubarbe et du suffrage universel, pour mieux faire aller la nation !

« M. Reymond, qui sait compter, trouve, dit-on, que les élections coûtent cher, et comme il a déjà essuyé des déboires dans certains travaux d'haussmannisation à Montbrison, on ne serait pas surpris de le voir un beau matin partir pour Téhéran, où le mirage des millions l'attire. »

(Le *Figaro*. Silhouettes à la plume, 1876, page 304.)

(2) *Narration des Couvents de l'Ordre de Saint-François, 1644.*

tion primitive de deux pavillons latéraux, bâtis en brique et d'une tour carrée qui contenait l'escalier, conduisant au premier étage et à la terrasse. On arrivait à cet enclos par un chemin creux, fermé à son extrémité par un grand portail, situé sur le petit chemin qui longe l'usine Robert.

M. David avait appelé cette modeste propriété le *Petit Saint-Georges*, il y venait chaque jour se reposer des fatigues et des soucis que causent les fonctions publiques. Il l'avait ainsi nommée à cause de deux médaillons émaillés, représentant l'archange Saint-Michel terrassant le démon, qui avaient été fixés presque au début, sur le vieux balcon en fer forgé du salon.

Ils provenaient de l'église de Saint-Georges-en-Couzan, dont ils ornèrent longtemps les portes extérieures.

Dans cette maisonnette de plaisance, se trouvaient amoncelés de nombreux bibelots, dont beaucoup représentaient une véritable valeur. Anciennes tapisseries, peintures, émaux de Limoges, sièges de diverses époques, armes à feu, épées finement ciselées, livres anciens et modernes, statuettes de bois ou d'ivoire, faïences de diverses provenances, meubles et panneaux sculptés, on y voyait quantité d'objets entassés dans tous les coins, et achetés pour la plupart chez un certain Robert, brocanteur, dit *Robert le Diable*. Mon père était un amateur possédant un très juste sentiment du beau, et qui d'instinct, avait collectionné nombre d'objets fort inté-

ressants, qu'il était toujours heureux de faire visiter
aux amateurs.

Aussi venait-on fréquemment le voir, les personnes
de la ville montaient à Saint-Georges par curiosité,
les marchands de Paris et Lyon s'y donnaient également rendez-vous, dans un but facile à deviner.

Quand on lui objectait que cette *habitation* était
trop exiguë, il répondait en souriant, par ces vers
du bon Lafontaine, qui traduisent exactement la
pensée du philosophe grec :

« Quelle maison pour lui ! l'on y tournait à peine,
    « Plut au ciel que de vrais amis
« Telle qu'elle est, disait-il, elle put être pleine !

Des jours moins heureux sont venus. Ces modestes
richesses artistiques ont été dispersées, le petit
castel, les vignes qui joignaient le chemin d'Ecotay-
l'Olme, les arbres verts que j'avais moi-même
plantés, appartiennent depuis dix ans à un autre
propriétaire !!

Gras adorait cette campagne ; nous venions souvent après un déjeuner frugal pris à l'Ecole normale
nous asseoir sur le banc de bois placé à l'ombre des
grands chênes, et là nous devisions à perte de vue.

D'autres fois, il prenait un gros volume de l'*Ency-
clopédie du XVIII* Siècle*, ou quelque ouvrage sur le
Forez et se plongeait dans d'interminables lectures.
J'ai su qu'il avait après moi conservé cette habitude,
et bien souvent le soir, avant de regagner Écotay, au

sortir de la salle de la Diana, il venait serrer la main au père David, causer des absents et lui demander un verre de son vin exquis, pour trinquer à leur santé.

Il me reste encore quelques mots à dire sur la jeunesse de notre temps : quand je revins, au mois de mai 1862, habiter Montbrison, avec mon élégant habit vert, aux feuilles de chêne brodées d'argent, j'y retrouvai P. Gras et la plus grande partie des condisciples que je n'avais entrevus que pendant les vacances. Je les revis tous dans la force de l'âge, peu changés sous le double aspect du caractère et de l'*habeas corpus*.

Il n'en serait plus ainsi aujourd'hui. Nous, les survivants, commençons à devenir plus ou moins vieux, décatis, méconnaissables. Avec les luttes de la vie, le temps a laissé sur nos visages sa fatale empreinte, sur notre front des rides se sont creusées, nos cheveux grisonnent ou sont absents, le sourire a disparu de nos lèvres; c'est à peine maintenant, si le cœur garde encore quelque regain de jeunesse, et le souvenir des lointaines années.

Combien elle était folle cette jeunesse d'il y a vingt-cinq ans; comme elle savait s'amuser avec entrain, intelligence, honnêteté? Pourquoi donc nos fils sont-ils aussi dégénérés? N'est-elle point regrettable cette fâcheuse influence, qu'un temps de positivisme exerce sur des esprits encore inexpérimentés?

Parmi ces jeunes hommes turbulents, mais bien

élevés, qui n'oubliaient pas le respect dû à la famille,
on comptait :

Jourjon, croquant à belles dents sa fortune,
escomptant sa propriété de Saint-Thomas-la-Garde,
sans nul souci de conserver la traditionnelle poire
pour la soif. — Mandard, également joyeux viveur,
son compère ; les frères Couchoud, Gabriel Garnier,
un de mes meilleurs amis, le pôle-nord des premiers,
froid, réservé ; tour à tour séminariste, clerc chez
le notaire Chazelle, employé de la banque Verdollin,
et, en dernier lieu, bibliothécaire de la Diana,
décédé le 20 juillet 1884. Il habitait avec M\ue Cladie,
sa sœur, une petite maison étroite, où l'on remarque
un escalier en pierre du beau style de la Renaissance ;
cette maison est voisine de celle dont M. et
Mme Mélanie Le Conte ont fait avec soin réédifier,
il y a quatre ans, l'élégante façade, modèle curieux
de l'architecture civile du XV\e siècle.

Je retrouvai mon ami Paul Michel, musicien distingué, actuellement percepteur à Saint-Etienne, et son
frère, qui s'est fait une honorable position dans les
mines. Fraisse, huissier, fils d'un marchand de
poissons, aujourd'hui avoué et maire de Montbrison.

Les quatre Gonnard, attachés à la petite maison
d'escompte que dirigeait leur père.

Alfred Avril, ancien greffier du tribunal, devenu
depuis vice-président du tribunal civil de Lyon.

Henri Dupuy, alors pharmacien, arrivé, plus
tard, au comble des honneurs. Conseiller général de
Saint-Georges-en-Couzan, maire de Montbrison, il

aurait pu aspirer à être député, sénateur même, à
cette époque où l'imprévu joue le principal rôle dans
la succession des événements. — Il a préféré, avec
raison, revenir à ses pilules et les servir à ses clients,
plutôt que de les faire avaler de force à ses électeurs.
— O sagesse humaine, tu n'es donc pas toujours un
vain mot ? On dit que M. Huguet, imprimeur et
breton, a été pour beaucoup dans sa détermination.

Parmi nos plus jeunes camarades :

Louis Dusser, maintenant avocat et juge-sup-
pléant ; Théodule Dusser, son cousin, mort depuis
longtemps ; les Chazelle ; Tony Rey, avoué, qui est
mort ainsi que son frère Lucien ; les Chavassieu, fils
de l'inspecteur des écoles primaires : l'un d'eux est
décédé médecin, l'autre est capitaine de chasseurs à
pied dans l'Est et vient d'épouser Mlle Valentine Rey ;
les deux Durand ; de Montrouge, resté célibataire
endurci, mais violoncelliste distingué, qui habite tour
à tour le Lyonnais et le Forez ; Camille de Rostaing,
attaché de consulat dont l'on m'a annoncé le récent
décès à Sydney (Australie) ; Georges, emporté par le
tétanos ; Boudot (Ferdinand), qui est notaire à Lyon ;
Antony Montagne ; Edouard Lafond, décédé le 3 octobre 1882 ; Joseph Lafond, son frère, beaucoup
moins âgé, qui est rédacteur en chef du *Journal de
Rouen*.

Hyppolite Lafay qui n'est plus, les Rony, les
Dulac, Hébles d'Argy, fils d'un colonel d'infanterie,
officier de très grande valeur. Après de nombreuses
fredaines, il avait épousé Mlle Hélène d'Ambly de

Gray (Haute-Saône) dont il s'est plus tard séparé. Je crois savoir qu'il habite Marseille, où il exerce un emploi des plus précaires peu digne d'un descendant des Damas (1).

Théophile Col, l'enfant gâté des muses du Chevalard, successivement sous-préfet, préfet, qui n'est plus que simple conseiller général du canton de Saint-Georges - en - Couzan et président de la Société d'agriculture.

Gaston Blanc, dont j'ai de bien curieuses lettres, qui jetait, encore mineur, un regard d'envie sur le magot paternel. Il habite la Perse, où son beau-frère, M. Reymond, a su lui procurer une situation sortable.

Majoux, reconnu dernièrement à Paris, où il s'occupait de peinture, et qui, pour le côté positif de la vie, exerçait les fonctions de gérant dans un cercle de Baccarat.

Boclon, ancien percepteur qui, à la suite de démêlés avec l'administration, a dû se retirer à Saint-Germain-Laval, où sa famille fait assez bonne figure à côté de celles des Mure, des Rajat, des Beaujeu et autres de la localité.

J'aurais le plus grand regret, de ne pas donner un souvenir à deux de mes aimables compagnons de plaisirs, MM. Ballot-Beaupré et le Baron d'André alors substituts du Procureur-Impérial.

(1) D'Argy, maison originaire de Champagne : *d'argent au lion de sable couronné et lampassé de gueules*. Un des membres de cette famille est fabricant de papier à cigarettes à Paris.

Noblesse de contrebande par Toison d'or, in-8°.

Le premier de ces magistrats a terminé sa brillante
carrière, comme vice-président du Conseil d'Etat ; le
second, qui ne possédait ni sa distinction, ni ses
talents, ni son opiniâtreté au travail, doit occuper
dans quelque ville de province, un fauteuil de Président de Tribunal.

Montbrison possède un musée qui lui a été légué
par M. d'Allard. Il ne contient que plusieurs inscriptions lapidaires, deux armures du XVI᷒ siècle, un
plat émaillé signé P. Courteys représentant Suzanne
entre les deux vieillards, quatre portraits des Comtes
de Forez, quelques tableaux, des carreaux émaillés
de la Bénissons-Dieu, des fragments de bas reliefs
provenant de l'abbaye de Charlieu, enfin un très petit
nombre de bibelots sans grosse valeur artistique,
perdus au milieu d'une collection assez complète
d'histoire naturelle.

Dieu me garde d'oublier un second musée, de tous
points inimaginable, et que je n'ai point le courage de
décrire. C'était la collection particulière de M. Duchez,
pâtissier-amateur. Avec Gras, nous y faisions de fréquentes visites, surtout quand nous sentions le besoin
de nous désopiler la rate. Je ne me souviens bien du
reste, que d'un objet intéressant qui m'avait vive-
ment frappé, c'est une peau de femme tannée, une vraie
peau, qui avait été offerte à ce collectionneur maniaque, par un chirurgien-major de l'armée d'Afrique.

Au temps de Strabon, l'Univers comptait sept merveilles, Montbrison n'en possédait que trois, mais de
nature toute différente. — Les épais sourcils de Su-

rieux, — le nez incomparable de la mère Icard, — les pieds démesurés du père Pitiot.

Le temps ne les a point respectés.

Depuis bien des années, cette ville n'est plus que l'ombre d'elle-même. Le décret impérial lui enlevant le titre et les attributions de chef-lieu du département de la Loire, a été pour elle le coup fatal, il en a fait un *Gros village*.

L'herbe pousse épaisse dans certaines rues, où ne passent pas vingt personnes par 24 heures. On y vit paisible, sans nuls soucis, avec de très modiques rentes qui suffisent à des besoins modestes, sans autre ambition que de posséder un jour une vigne, pour y récolter le vin nécessaire à la consommation annuelle. — Par contre, dans ce gros village, règne la maladie si fréquente de s'occuper des affaires d'autrui ; la population adore les potins et les racontars mais reste encore inféodée au vieux régime, un peu moins réfractaire cependant aux idées libérales depuis la chute du IIme Empire.

On se couche avec le crépuscule, on se lève rarement au chant du coq. Pendant l'hiver tout est fermé, bouclé, barricadé ; ce n'est qu'à une heure déjà avancée du jour, qu'on se décide à entr'ouvrir les persiennes. — En été, dès l'aube, on rencontre sous les platanes des boulevards, quelques bonshommes propriétaires ou vieux retraités, humant l'air frais et pur du matin, fumant gravement leur pipe, en commentant les faits politiques de la veille. On en retrouve quelques-uns arrêtés devant la porte de la caserne d'infanterie pour y voir l'exercice, ou assistant derrière les murs du couvent de Sainte-Claire à la leçon des jeunes tambours, enfin d'autres, et c'est le plus grand nombre, allant curieusement voir partir le *premier train*.

Cent ans bannière, Cent ans civière, s'est écrié de Persigny, dans un beau mouvement oratoire. Je me demande quelles circonstances ignorées pourraient empêcher ces paroles d'être toujours vraies, aussi bien pour les nations que pour les individus.

Dans quelques milliers d'années, si ce monde est encore sur ses pieds, si notre fragile planète ne s'est point fusée dans l'immensité où elle gravite; la petite ville de Montbrison n'existera probablement plus. — Le laboureur y promènera distraitement sa charrue. Il sera peut-être aussi difficile, pour les archéologues futurs, de retrouver la place qu'elle occupait, qu'il a été jusqu'ici impossible d'indiquer l'emplacement exact d'Alesia, où 52 ans avant notre ère, se brisa le suprême effort des Gaulois contre l'absorbante domination de Rome.

CHAPITRE VII

PEUT-ÊTRE UN JOUR

Qui ne s'est demandé cent fois, — je parle des gens intelligents, — ce dont est capable la bêtise humaine? J'ai cherché moi-même à me faire expliquer par d'autres plus expérimentés, quelles sont les limites extrêmes que peut atteindre notre sotte vanité. Nul ne le sait, ou ne veut le dire ; personne à mon grand regret, n'a pu me renseigner d'une façon complète sur ces égarements momentanés de la raison, résultant du caractère de chaque individu, suivant l'éducation première qu'il a reçue, la sphère habituelle dans laquelle il s'agite, et les circonstances spéciales qu'il provoque ou qu'il subit.

Lorsqu'on atteint l'âge d'homme, alors que s'entrouvre à demi pour les caractères suffisamment doués, cette porte de l'inconnu que l'on nomme l'avenir, on se berce volontiers de chimériques illusions, qui pour le plus grand nombre, hélas ! resteront le rêve sans la réalité.

Tout jeune encore, sur les bancs, Gras, assurément supérieur à ses condisciples, fut un vaniteux que ses succès grisèrent, auquel un professeur, dans un imprudent enthousiasme, rendit un regrettable service. Mais au fond, c'était un vaniteux sans danger, qui riait à vingt ans de là, de ces innocentes facéties.

Il aimait à poser pour la galerie, à épater les naïfs, ou les imbéciles, heureux intérieurement de son escapade. Il savait très bien, ce farceur convaincu, que la véritable valeur de l'homme ne se mesure pas à la coupe du vêtement qu'il porte, à la recherche d'un bagoût de commande, qui le font ressembler à une coquette, qui seule devant sa glace, étudie ses poses, prépare ses effets, escomptant d'avance les conquêtes qu'elle espère dans le salon où elle paraîtra le soir.

Je suis peu tendre, pensera-t-on, pour ce que l'on peut appeler une faiblesse. Je préfère encourir ce reproche, que d'être taxé de trop d'indulgence. Il m'importe fort, que du commencement à la fin de cette biographie, on ne puisse m'accuser d'une bienveillance outrée ou d'une injustifiable sévérité. J'ai dit tout le bien qu'il fallait penser de mon ami, je n'ai donc nul embarras à parler de ses défauts. L'ombre savamment distribuée, est à mon sens, indispensable pour faire ressortir les beautés d'un tableau.

De ce rapprochement, chacun sera libre de tirer à sa guise les conclusions qu'il lui plaira, en se souvenant toutefois, que notre nature est essentiellement imparfaite.

Il avait la manie, si commune sous le dernier règne, d'aimer le galon, autoritaire sans l'avouer, il s'était fabriqué des armoiries de fantaisie, qu'il reproduisait très finement à la plume, en tête des lettres qu'il m'écrivait et signait le plus souvent : *Gras de Martel*. Pourquoi ce nom, qui évoque le souvenir du grand Tombeur des Sarrazins, alors qu'il ne fut jamais lui-même, simple *Piou-Piou* d'Auvergne ?

Il lui eut été cependant facile, comme je le disais en commençant, de se confectionner un arbre généalogique dont les racines robustes, auraient pu se greffer sur celles des plus vieilles familles du pays.

C'est également sous ce titre ronflant, qui dans sa pensée, dut être plus qu'un pseudonyme littéraire, qu'il s'était fait inscrire à son domicile de la rue de Provence.

S'il avait vécu, et je le regrette pour lui, quelques années à Paris qu'il ne fit qu'entrevoir, supporté à un âge plus mûr de navrantes douleurs, éprouvé sans mot dire, de lamentables déceptions, vécu de fromage et de pain arrosés d'eau de Seine, enfin mis le petit doigt dans cet immense laminoir du monde parisien, qui attire, saisit, aplatit et broie le corps de ceux qui d'aventure s'en approchent ; il aurait bien vite compris, le pauvre, que la vie de province, la plus intolérable de toutes, triste, effacée, décourageante, atône, chauffée à trop basse pression, étouffe dans leur germe les plus puissantes dispositions.

Il aurait préféré, j'en suis convaincu, l'existence de Mürger, de Dupont, et du comte Louis de Guines (André Gill), auteur du portrait de Jules Vallès, exposé au Salon de 1881, qui en dernier lieu, sorti pour quelques jours de Charenton, brossait cette vigoureuse toile : *Le Fou*, la dernière œuvre importante qu'il ait produite.

Il aurait eu alors cent fois raison de jeter son cri d'espérance.

Comme eux, comme tant d'autres, il eût joué sa peau, et, pas plus durement ici que là-bas, senti l'aiguillon de la misère.

Il avait dans l'intelligence, toutes les ressources nécessaires pour occuper une place honorable que d'autres, dix fois moins méritants, ont conquise à force de patience; travailleurs infatigables, ne se rappelant aujourd'hui la vie passée, que comme l'on se souvient d'un cauchemar, précédant les jouissances enfiévrées du rêve heureux qui l'accompagne.

Eh bien, cet esprit qui, comme j'ai cherché à le démontrer, s'élevait parfois jusqu'aux plus larges conceptions d'une science généralement peu connue, s'abaissait à certaines heures à des détails enfantins. Il ne rêvait que chevrons, merlettes, lions issants ou rampants, heaumes ouverts et fermés, lambrequins, supports, devises, etc.

ARMES FANTAISISTES DE PIERRE GRAS

Ce fut, sans doute, dans un de ces moments qu'il sentit le besoin de s'anoblir.

J'ai l'entière certitude, le connaissant à fond, que tout en s'offrant cette innocente satisfaction, il visait plus haut, et voulait ainsi se moquer de l'étrange manie de son siècle.

Dans un écu évidé, de forme du reste peu héraldique, entouré de lambrequins qui se détachaient d'un casque ouvert à trois grilles, il avait placé : un *Cygne d'argent sur azur*, tourné vers un *soleil naissant d'or*. Le chef *cousu de gueules* était chargé d'une *lyre d'argent renversée*. Au bas du cartouche se déroulait un ruban sur lequel était inscrite cette devise :

PEUT-ÊTRE UN JOUR !

Ces quatre mots le résument tout entier : ils servent à expliquer surabondamment tout ce qu'il désirait, et le but vers lequel il marchait, au milieu des angoisses qui l'assaillirent de toutes parts. C'était un illusionniste ; il en était, selon moi, arrivé à ce point extrême qui caractérise les maniaques, de prendre pour la réalité l'objet de leurs désirs.

Du reste, ces quatre mots n'ont-ils jamais été prononcés par les esprits les mieux équilibrés, ne fut-ce que dans leur for intérieur ? C'est un cri naturel qui peint admirablement le vague, l'inquiétant, l'appelé, enfin, toute la somme des *desiderata* de notre courte existence.

J'avoue que je n'étais pas toujours tendre à son

égard ; je me permettais de lui donner des conseils au sujet de l'avenir ; dans mes lettres je blâmais ce que je croyais être de la nonchalance, et m'oubliais jusqu'à l'appeler un vulgaire *déclassé*.

Lui, ne se fâchait pas ; au fond il sentait que j'avais raison, il cherchait alors à s'excuser avec infiniment d'à-propos, prenant adroitement la tangente, comme on pourra s'en convaincre à la lecture des lettres qui suivent.

Ienne (pas en Autriche), le 5 mai 1857.
(L'an du monde le dernier !...)

My friend,

J'ai reçu la lettre que tu m'as écrite le 23 du mois passé. Je l'ai reçue sous le beau ciel du Midi, à Nîmes, d'après les ordres que j'avais donnés à mon maître d'hôtel, autrement dit : marchand de soupe, à Bordeaux.

Je revenais de visiter, avec mon père, les fameuses arènes ; j'étais monté, au risque de me rompre les os jusqu'aux gradins les plus élevés ; là, je m'étais assis à l'ombre d'une aubépine qui croît entre les pierres descellées, et, le front sur ma main, je m'étais figuré cet amphithéâtre immense au temps de sa splendeur, avec ses 25 mille spectateurs enivrés et battant des mains. Puis sentant le vertige me prendre et la folle du logis s'apprêter à faire faire à son enveloppe une cabriole de quelques cents pieds, je m'étais hâté de descendre dans l'arène, et de crier en me tournant du côté de la loge impériale : César te morituri salutant ! *Imbéciles de gladiateurs !...*

J'avais visité la Maison Carrée, qui sert de Musée, la porte d'Auguste, le Temple de Diane et la Tour Magne, debout sur la Montagne. Ce monument, nous disait le gardien, vieux

fossile de la vieille armée (*je parle du gardien*), « avait été
« construit pour voir venir le *Roi* de loin, et il y avait une
« guérite ousqu'il y avait continuellement et nuit et jour une
« sentinelle qui avait pour consigne de, etc. » *Le tout pour
50 centimes*.

J'avais vu la célèbre fontaine de Pradier, dont les blanches
statues de marbre semblent réaliser ces vers des métamor-
phoses d'Ovide :

> Elle n'était déjà plus statue
> Et n'était pas encore femme.

Ce fut alors que je reçus ta lettre, au sortir d'une causerie
avec Reboul, le poète-boulanger, à qui mon père m'avait
présenté.

Déclassé !! Et pourtant, j'ai fait de belles affaires, j'ai
gagné beaucoup d'argent ; je voyage en touriste mylord,
ou, ce qui n'est pas la même chose, en mylord touriste.

Déclassé !!! Et, pourtant, j'ai vu Toulon avec son capitole
et ses vieux clochers du XIIe siècle bâtis en briques. J'ai
dessiné la citadelle de Béziers, Avignon et son château des
papes et son enceinte encore intacte de murs crénelés, Orange
et son arc de Marius et l'immense muraille de son théâtre
romain !

Déclassé !!!! Et pourtant, je suis monté aux ruines du
château de Crussol, près Valence.

Déclassé !!!!! Et, pourtant, je relis ta lettre maintenant à
Vienne, près de l'église Saint-Maurice et du tombeau de
Pilate ! Accoudé à ma fenêtre, je vois la lumière disparaître
derrière les coteaux de Sainte-Colombe et de Givors et le
Rhône coule devant moi, argenté par les lueurs de la lune
rousse (*ces flatteurs de poètes diraient : La blonde
Phœbé*) !

Déclassé !!!!!! Et l'hôtel où je loge se nomme Hôtel de la
table ronde ! et je me suis endormi à Cette sur la grève où la
mer arrivait en grondant !! et je me suis aventuré loin du port

dans une frêle barque à qui la vague faisait danser la tarentelle !..

GR. DE MARTEL.

Signature littéraire.

Cher ami,

Prends que je n'ai rien dit, et oublie mes divagations de tout à l'heure. Les plumes des hôtels sont déplorablement mauvaises. Je vais à Saint-Etienne demain et ma première visite sera pour Anatole.

Je resterai une huitaine de jours à parcourir les environs de Saint-Etienne, Feurs, Roanne, et de là j'irai à Montbrison où je serai justement à l'époque de l'exposition des *produits du pays*, dont le principal est cet animal à longues oreilles que point ne veux nommer. Je reviens à Lyon à la fin du mois et je pars pour Bordeaux jusqu'au mois de septembre, où je recommencerai mes pérégrinations. Alors, du moins, j'aurai le plaisir de te voir.

En attendant, je t'embrasse de tout cœur.

Ton vieil ami, fils et successeur du Juif-Errant,

L. P. GRAS fils.

Signature commerciale.

J'emporte avec moi des albums et la *Loire* par cantons, en trois volumes, achetés chez Ganivet pour la somme de six francs.

Bordeaux, le 1er juillet 1857.

(Le 18e jour après la fin du monde).

Eh bien ! cher ami, que devenons-nous tous les deux ? Vraiment, nous nous écrivons par trop souvent, cela doit intriguer l'administration des postes qui va sûrement nous soupçonner de comploter dans l'ombre !

Comment vas-tu moralement et physiquement, cela me tarde à savoir; il y a déjà, je crois, trois mois que nous ne nous sommes écrit. Il me semble seulement, ce n'est pas pour t'en faire un reproche, que c'est moi qui ai écrit le dernier, de Nîmes ou d'ailleurs.

A propos, me voilà rentré à Bordeaux jusqu'au mois de septembre, où j'aurai, je l'espère, le plaisir de te voir. J'ai fait un charmant voyage dans le département de la Loire. Je suis resté, vertuchoux ! au moins quinze jours à Saint-Etienne, et Dieu sait quelle suite de *nopces et festins* ça été ! Avec ton frère Anatole, j'ai vu une foule d'anciens acrobates, Jacquier, Giraud, Girard, Angénieux, Biscornet, Mallet, Mure, Boclon, Clairet, Caire de Veauche, Buhet, et une incomparable quantité d'autres dont les noms m'échappent en ce moment. J'ai dépensé un argent fou dans cette bonne ville de Saint-Etienne.

Tous les acrobates des cinq parties du monde s'étaient donné rendez-vous au Comice agricole de Montbrison. *Pends-toi, brave Crillon !* tu n'y étais pas. Notre chère et bonne ville de Montbrison ne se ressemblait plus à elle-même. Ce magnifique jardin anglais avec son lac en miniature, sa grotte, son bois, ses larges allées, ses superbes tentes recouvrant de non moins superbes taureaux ruminant dans leur box ; ces oriflammes et ces drapeaux au vent, cette foule bigarrée de costumes et de langage, se pressant tumultueusement autour des petits chevaux de bois et dans les cafés-concerts, oh ! il y avait bien longtemps, le longtemps est bon, que la vieille cité de Guy IV n'avait vu tout cela. Les arbres des boulevards écartaient leurs bras avec stupéfaction, la tour de Notre-Dame se dressait curieusement sur la pointe des pieds pour voir par dessus les toits, et l'Ecole normale ouvrait son œil..... de bœuf autant que possible à ce spectacle inouï !

A propos, M. Gustave, tu sais le peintre ? (1) a envoyé

(1) Il s'agit ici de M. Cuguet van Liemen.

deux croquis de la fête à l'*Illustration* avec un article de M. le docteur Rey.

L'article était mieux que les dessins qui n'étaient pas très bien réussis, soit que M. Gustave n'ait pas pris la peine d'y travailler, soit que ce fut la faute du graveur.

Néanmoins, en allant un soir à mon café, ici à Bordeaux, j'ai été agréablement surpris de voir le nom et la vue de ma chère ville Forézienne.

Je fais en ce moment une histoire (1), un Dictionnaire plutôt, de tous les châteaux, fiefs, maisons nobles du Forez : l'histoire de près de *400* châteaux ! ! !

Ecris-moi, cher ami, tout ce que tu voudras, n'importe quoi ! mais écris-moi une longue lettre, qui me fera oublier, pendant vingt minutes, que je suis à Bordeaux, loin de ma famille et de mes anciens camarades.

Adieu, Arthur, je t'embrasse de cœur.

L.-P. GRAS fils.

Impasse des Tanneries, 20, Bordeaux.

Quand je le retrouvai cinq ans après, à son retour de Bourg, il occupait un très modeste emploi. Je le félicitai chaleureusement de ses succès. Il en parut fort peu satisfait, il comprenait bien lui-même qu'il aurait pu mieux réussir.

De reproches point, tout fut bien vite oublié, et nous reprîmes ces affectueuses relations qui devaient durer jusqu'en 1868, époque où nous nous quittâmes de nouveau et pour toujours.

Comme on l'a vu, il n'y a qu'un instant, nos amis de jeunesse ont acquis, suivant les événements, la

(1) Cet ouvrage n'est pas indiqué dans la liste qu'on trouvera au chapitre VIII. Il est à présumer que ce n'était là qu'un projet, auquel P. Gras n'a pas donné suite.

notoriété de leur famille, leur mérite personnel, d'honorables positions dans la société.

Pour un grand nombre, s'est réalisé le fameux : *Peut-être un jour!* Quelques-uns sont parvenus à décrocher la *Timbale*. D'autres ont été moins heureux et n'occupent pas, grâce à certaines circonstances, la position qu'ils étaient en droit d'espérer. Antony Montagne, excellent cœur, nature généreuse et très serviable, resté un de mes meilleurs amis, est de ceux-là. Après avoir fait de bonnes études classiques au collège de Mongré, terminé son droit à Paris, et obtenu son diplôme de licencié, en 1868, il s'était fait inscrire au barreau de Montbrison. En 1874, il achetait à M. Alfred Avril, le greffe du Tribunal civil, qu'il revendait six ans plus tard à M. Choussy. Il possédait, au reste, toutes les qualités qui semblent requises pour arriver. Il appartenait à une des meilleures familles du pays, jouissant de la considération générale et d'une fortune suffisante pour tenir le rang auquel lui donnait droit sa naissance. Sa grand'mère, Mme Jeanne-Claudine-Féréoline du Bessey de Villechaize, avait épousé en deuxièmes noces, M. Pupier de Brioude, fils de l'ancien Procureur criminel au bailliage de Montbrison (1), allié à la famille David, de Saint-Etienne.

(1) Pupier de Brioude porte : *d'azur au chevron d'or, accompagné en pointe d'une croix pattée de même, au chef d'argent chargé de trois mouchetures d'hermine de sable.* (Cachet du XVIIIe siècle.)

Gras donne ces armes d'une façon incomplète dans son Répertoire héraldique. Je les blasonne ici, telles qu'elles doivent être lues.

La famille *du Bessey*, est fort ancienne dans le Forez, et l'une de celles dont la noblesse paraît le mieux établie, par les titres et autres documents que j'ai consultés.

Son origine, remonte à *Pierre du Bessey*, capitaine d'un corps franc en Forez, qui vivait au XV⁰ siècle.

Elle a fourni un chevalier de Malte, en 1677, un commandeur d'Amboise, en 1687, un aumônier du Roi, des conseillers au Parlement et au bailliage de Forez, et plusieurs capitaines des vaisseaux du Roi.

Cette noble maison, se divise actuellement en deux branches ; les *du Bessey de Contenson*, et les *du Bessey de Villechaize*.

Ces derniers ont pour auteur *Jean Guy du Bessey de Villechaize*, écuyer, conseiller du Roi, contrôleur des guerres, avocat au Parlement, qui épousa, en mai 1745, Marie Gonthier de Changy (1).

Ses représentants actuels sont :

1° M. Guy du Bessey de Contenson, officier supérieur, attaché d'ambassade, qui assistait en cette qualité au sacre d'Alphonse XII. Son oncle, M. de Contenson, colonel du 5⁰ cuirassiers, est mort d'une façon héroïque, en 1870, à la tête de son régiment, dans la mémorable charge de Mouzon. (2)

---

(1) Manuscrits d'Hozier, tome 17, p. 240, généralité de Lyon. Armes : Jacques du Bessey, écuyer, porte : d'*Argent à une croix de gueules, chargée de cinq losanges, d'or*. Timbre : *Couronne de comte*.

(2) Je regrette de ne pouvoir m'étendre plus longuement sur ce brillant fait d'armes. Il trouvera sa place naturelle, avec tous les détails qu'il comporte, dans une Généalogie que je me propose de publier prochainement.

2° M. le comte Just de Villechaize, ancien sous-officier aux zouaves pontificaux, qui a épousé Mlle Baudouin-Gounelle.

Antony Montagne s'est marié avec Mlle Geneviève du Puy, fille d'un magistrat, mort en 1886, fort estimé à Saint-Etienne, appartenant à une vieille famille de robe, alliée dans notre pays aux Damas et aux meilleures maisons du département de l'Ain. M. Hubert du Puy, son frère, est également dans la magistrature.

Après des pertes importantes subies dans la débâcle d'une trop fameuse Société financière, il est Agent général à Montbrison, de la Compagnie d'assurances l'*Abeille*.

Plus heureux que lui, et que bien d'autres encore, Lucien Robert, fils d'un officier d'intendance cousin de P. Gras et notre condisciple, est actuellement directeur de la succursale de la Banque de France, à Nantes, décoré, et père d'une charmante famille.

Une des gloires du collège ecclésiastique de Montbrison, est, sans conteste, Mgr Jean-Natalis Gonindard, archevêque de Sébaste, coadjuteur du diocèse de Rennes. Il est né à Perreux (Loire), le 31 décembre 1837. Il était nommé évêque de Verdun, le 31 décembre 1884; quarante-sept ans jour pour jour, après sa naissance. Nous avons été ses condisciples en 1852 et 1853. Natalis Gonindard (pardon Monseigneur), était un charmant élève de cinquième. Goutagny, Langlois et moi lui portions une affection particulière. Il nous plaisait de le faire figurer, le plus souvent possible, dans les fêtes de l'Eglise, et surtout les *Grands solennels*, semblant ainsi deviner la haute situation que son mérite devait un jour lui acquérir.

Il eut été cependant difficile, à ce moment, à ses professeurs eux-mêmes, de présager ce brillant avenir si promptement réalisé, grâce à un ensemble de qualités, qui n'étaient pas alors suffisamment dessinées. Le futur Archevêque s'ignorait lui-même, on l'eût singulièrement étonné, si on lui avait prédit, il y a 35 ans, qu'il serait, jeune encore, Prince de l'Eglise et désigné pour les plus hautes fonctions ecclésiastiques.

Après avoir quitté Montbrison, il termina ses études de seconde, rhétorique et théologie à l'Institution des Chartreux de Lyon, qui a été sous la direction de l'abbé Hyvrier, une pépinière d'évêques de grand renom : NN. SS. Plantier, David, Thibaudier, le cardinal Donnet.

Elève des Carmes de Paris, il se fit recevoir licencié-ès-lettres. Ordonné prêtre en 1861, il revint aux Chartreux où il dirigea à son tour, pendant 12 ans, une jeunesse, forte, intelligente et brillante.

L'archevêque, qui administre aujourd'hui l'un des plus beaux diocèses de France, est un orateur de vrai mérite, improvisateur remarquable, dont la voix vibrante et sympathique émeut et persuade. On le devine sous ces deux aspects, en lisant

ses discours de distributions de prix, et son éloquent
panégyrique de Jeanne d'Arc (1).

C'est, en outre, un ardent apôtre de la charité,
s'appliquant tout entier au soulagement de ceux qui
souffrent ; un patriote ardent, aimant son pays de
toute son âme ; qui a les idées larges, comprend le
progrès, marche avec lui, et conquiert les sympathies
de tous ceux qui l'approchent par son cordial accueil
et sa conversation pleine de charmes.

Parmi les Foréziens qui habitent Paris, et qui, eux
aussi, ont fait leur trouée il y a déjà longtemps, je
nommerai M. Bonnassieux, le statuaire dont j'ai déjà
parlé, un grand artiste, au ciseau duquel sont dues
tant d'œuvres capitales; M. Delaroa, ancien chef
de bureau au Ministère de l'Intérieur, connu par
quelques travaux historiques ; Eugène Muller, de la
Bibliothèque de l'Arsenal, qui commença sa réputation par *la Mionette*, ouvrage charmant et naïf, tableau
des mieux réussis de mœurs villageoises ; mon ami
Sixte Delorme, homme de lettres, infatigable travailleur; Antoine Jacquier, qui a su se créer, dans le
commerce, une belle 'position; Séon (Alexandre),
de Chazelles-sur-Lyon, auquel on a récemment accordé le premier prix pour la décoration de la mairie de Courbevoie, un jeune peintre de l'Ecole de
Puvis de Chavannes, qui nous apparaît dans ses ta-

(1) *Du devoir d'affirmer son éducation*. — Lyon, Perrin 1869. — *Du
Bienfait de la vie*. — Lyon, Schneider, 1882. — *Panégyrique de M. Ber-
ger*, curé de Saint-Nizier à Lyon. — *Panégyrique de Jeanne d'Arc*.
Voir le *Figaro* du 29 mai 1887.

bleaux, comme un rêveur épris des poétiques séduc-
tions de la nature.

Faut-il également citer M. Grégoire Chapoton,
artiste-peintre, né à Saint-Rambert en 1845, qui fit,
à Lyon, ses premières études artistiques, de 1862
à 1866, dans l'atelier de Regnier. Outre les dessins
industriels dont il s'occupe pour la compagnie des
Indes, il peint les fleurs d'une façon ravissante,
et brosse des portraits qui ne laissent absolument rien
à désirer, au double point de vue de la ressemblance
et de la couleur.

Le musée de Saint-Étienne possède, de ce jeune
artiste, trois tableaux : *La razzia faite au jardin*,
roses trémières, raisins, pêches et prunes ; une *Nature
morte* ; une *Corbeille de fruits*, poires et raisins.

L'ami de Chapoton et le mien, M. Lucien Renout
(Margueritte), qui a bien voulu se charger de la plus
grande partie des illustrations de cet ouvrage, dessine
à la plume d'une façon remarquable, et fait des pointes
sèches qui sont fort recherchées par les amateurs.

Un de nos compatriotes, Philibert Berthelier,
né à Panissières (Loire), le 14 décembre 1830,
vient tout-à-coup de disparaître (fin septembre 1888).
Je n'éprouve aucun scrupule à parler ici d'un acteur,
qui s'était fait au théâtre une place importante. Le
temps n'est plus, où le monde repoussait sans merci,
ceux qui montaient sur les planches ; de nos jours
la meilleure société les recherche pour rehausser l'éclat
de ses soirées ; l'Église, dans ses grandes fêtes laisse
entendre leurs voix aux fidèles, le Gouvernement lui-

même les décore, et les grands seigneurs ne craignent
point de déposer aux pieds de cantatrices en renom,
leur couronne de duc ou de marquis.

Berthelier était venu à Paris avec vingt-deux sous
dans sa poche. Il habitait, il y a peu de jours encore,
un fort riche appartement rue Laffitte, très artistement aménagé, rempli de bibelots de grande valeur,
et d'un grand nombre de tableaux de maîtres modernes dont il avait acquis l'amitié.

Ce forézien, était dans toute la force du mot, un
jovial garçon, grand artiste dans son genre, aimant
avec passion son métier, travaillant ses rôles comme
le faisaient Christian et Dupuis, qu'il avait pris
pour modèles.

Il laisse un jeune fils, qui étudie la peinture dans
l'atelier du peintre Vibert.

Nous reprimes alors avec Gras nos longues promenades, car sa nouvelle situation n'avait rien changé
à ses goûts. Ces pérégrinations, dont les recherches archéologiques étaient au fond l'objet, où l'imprévu jouait souvent un rôle important, étaient pour
moi pleines d'intérêt, sous la direction d'un cicerone
aussi érudit. Je constatai bien vite, qu'il avait beaucoup gagné pendant mon absence, et que la somme
de ses connaissances s'était triplée. Je revis avec
plaisir les lieux déjà visités, et connus bientôt par
cœur les principales localités des environs.

Nous venions souvent à Champdieu, où nous avions
un ami, dont l'hospitalité était séduisante.

On entre dans l'ancien *Castrum de Candiaco*, par

une porte ogivale, dite de la *Barrière* au-dessus de laquelle est sculpté l'écusson de la Bastie. (1) Il existait autrefois deux enceintes fortifiées, la première crénelée, protégée par des tours élevées ; la deuxième formant rectangle, composée de hautes murailles à grandes arcades màchicoulis, comme on en voit au château des Papes à Avignon.

L'Ancien prieuré, qui appartient aujourd'hui à M. Grange, relevait de l'abbaye de Manglieu, en Auvergne ; un Christophe de Lévis, seigneur de Currèze, en fut prieur.

L'église fut édifiée au XIme siècle. Le style roman s'y étale dans toute sa pureté, et sous le chœur existe une vaste crypte, qui semble dater de 1050, à laquelle conduisent deux escaliers.

On y montre aux visiteurs une châsse qui renferme les reliques de Saint-Domnin.

Le poëte forézien Pierre Pourrat a écrit les vers suivants, au sujet de Champdieu :

> Bacchus règne sur la colline
> Sans craindre les rudes Hyvers,
> On voit de mille ceps divers
> Couler cette liqueur charmante
> Marcilly , Saint-Thomas, *Chandieu*
> De quoy que ce terroir se vante
> Ne cèdent en rien à Condrieu.

Nous visitâmes tour à tour plusieurs communes fort importantes, au point de vue historique.

(1) *D'argent à la croix ancrée de sable à la cotice en bande de gueules, brochant sur le tout.* A. Esquiros. — *Les Blasons.*

Chalain-d'Uzore et sa vieille église romane, séjour de plaisance des puissants seigneurs de Couzan, dont le dernier baron fut Guy V. La salle des fêtes et une cheminée monumentale, attestent encore la splendeur passée de leur demeure. Dans l'enceinte du château-fort, détruit en 1362 par les Anglais, était comprise l'église, construite au XIIᵉ siècle, en forme de croix latine, sous le vocable de saint Didier, qui possède un grand autel en bois très remarquable. Montverdun, ancien prieuré fortifié, d'où l'on aperçoit au sud le Mont Isoure, à l'ouest le hameau d'Urfé, près duquel les Romains établirent un établissement céramique, puis, au nord, à peu de distance du Lignon, le château de la Bastie.

On trouve dans l'église la pierre tombale de Renaud de Bourbon, évêque de Laon, archevêque de Narbonne, un des prieurs mort en 1482, et la châsse d'argent qui renferme les reliques de saint Porçaire, abbé de Lerins, donnée par l'archevêque de Lyon, Camille de Neuville.

Marcilly-le-Pavé, dont il est souvent question dans l'Astrée, avec son château-fort, qui soutint, affirme-t-on, un siège terrible, et dont les ruines appartenaient à M. La Pierre de Saint-Hilaire, victime de la Révolution, oncle de Mᵐᵉ Henriette de Leyssac.

La petite ville de Boën, dont l'on s'occuperait bien peu, si elle n'avait le « doux Lignon » pour la sauver de l'oubli.

Le coquet village de Leigneu, qui garde quelques

traces de son ancien prieuré de Bénédictins, devenu plus tard abbaye de chanoinesses.

Sail-sous-Couzan, dont les eaux médicatives, agréables à boire, assurément connues des Romains, ne furent retouvées qu'en 1612, par le médecin Claude de la Roue.

Nous n'eûmes garde d'oublier une visite aux ruines de ce redoutable château de Couzan, où l'on constate la trace évidente de constructions successives du XIIe au XVIe siècle, au centre desquelles se dresse menaçante une grosse tour carrée aux angles arrondis.

Cette demeure féodale, perchée comme un nid d'aigles, sur une hauteur qui n'est accessible que d'un seul côté, fut longtemps possédée par des Seigneurs, que les Comtes du Forez durent obliger par la force, à leur rendre hommage. Ces ruines sont actuellement la propriété de la famille Milly de Thy, qui vient de s'offrir le luxe suffisamment coûteux, de faire établir et imprimer sa généalogie.

Le village de Moind est situé à un kilomètre et demi de Montbrison; on le prendrait presque pour un faubourg de la ville. Quand nous n'avions que quelques heures à dépenser, nous dirigions nos pas de ce côté, sans oublier une visite à *Montplaisir*, la campagne du séminaire où, pendant de longues années, nous venions en promenade deux fois la semaine. J'affirme qu'il n'existe point dans l'antique *Mediolanum* (1) fondé par les Insubres (vers

(1) *Le Mediolanum du Forez*, par Alain Maret.

l'an 1000, avant J.-C.), qui cédèrent la place aux
Ségusiaves partis de Suze, qui, à leur tour, firent de
Feurs, le *Forum Segusiavorum*, une maison, un
seul pan de mur, dont l'examen nous ait échappé.
Il faut dire aussi que ce bourg important qui fut jadis,
à en juger par ses débris, une grande cité, offre un vif
intérêt à l'archéologue ; et je comprends que l'on ait
versé des flots d'encre, soit pour décrire ses ruines,
soit pour discuter la véritable direction de la voie
romaine, qui, semble-t-il, devait la traverser.

Nous avions revu avec soin l'emplacement de
l'ancienne maladrerie fondée au XIIe siècle par Guy,
comte de Forez. Les *Aquæ Segetæ*, source minérale,
qui fut certainement connue des Romains au IVe siècle, dont d'Expilly a dit : « La vertu est de rafraîchir
et de désopiler ».

La construction de l'église de Moind, soumise à celle
de Savigneu, fut autorisée en 1198. — Ses débris servirent, en 1215, à la construction de la chapelle
Sainte-Anne, de Montbrison.

Le couvent de Sainte-Eugénie, appelé au XIVe
siècle *Domus palatii*, dépendait de l'abbaye de la
Chaize-Dieu. Les constructions, restées debout auprès desquelles se dressait un orme séculaire, un
Sully, étaient alors la propriété de M. de Neufbourg.

M. J.-B. Dulac en a décrit les ruines avec beaucoup d'exactitude. La chapelle avait un élégant
portail en forme d'arcade trilobée, surmonté d'une
ogive aiguë (1).

(1) De la Mure. Manuscrits tome I.

Nous connaissions aussi la maison d'école, de construction moderne, assise sur les ruines de Saint-Jean-Baptiste.

Près de la haute tour, qui sert d'horloge, se trouve la porte cintrée qui donne accès dans le *Castrum Modonii*. Nous avions également examiné dans l'enceinte et dans ses moindres détails, l'église, de style roman, qui date du XIIe siècle consacrée à saint Julien, martyr d'Antioche. Ce fut devant ses portes que Guy IV fit lire, le 5 juillet 1224, l'acte de fondation de l'église Notre-Dame-d'Espérance.

Un secret espoir nous ramenait souvent aux *Palais des Sarrazins*, débris d'un cirque romain dont de magnifiques vignes entouraient les murailles séculaires. Il nous semblait qu'il y avait là quelque importante trouvaille à faire pour l'histoire. Il n'en fut rien. Les fouilles fréquentes qui depuis ont eu lieu, n'ont guère donné de meilleurs résultats.

Je crois devoir revendiquer ici la découverte que je fis en 1858 — le hasard aidant — de la colonne itinéraire de Moind. Cette colonne, qui mesure 1 m. 30 de hauteur sur 1 m. 60 de large, soutenait un escalier de pierre, dans la cour de la maison de M. Genebrier, ancien maire de la commune.

Il l'avait déterrée cinquante ans auparavant, dans une propriété joignant la route actuelle.

Je fis part de ma bonne chance à Gras, et nous allâmes copier ensemble l'inscription que porte cette borne milliaire. Quelques jours après, elle fut placée dans le vestibule de la mairie de Montbrison.

M. André Barban, un savant, fort estimé, avec qui
je n'ai jamais eu que de très courtoises mais trop
courtes relations, a publié à ce sujet une intéressante
brochure, qui fournit sur le parcours de la *Via Bolena* de très utiles renseignements (1).

Après avoir parlé de trois autres colonnes du même
genre qui furent trouvées en 1600 dans le Jardin des
Ursulines de Feurs (2) démontré que cette dernière
devait s'élever il y a seize siècles sur la voie romaine,
qui de Feurs se dirigeait vers Saint-Paulien en passant par Moind et Usson (*Icidmago*), et restitué le vrai
sens qui paraît devoir être attribué à l'inscription
qu'elle porte, il ajoute que : « Ces colonnes constatent
« une restauration importante faite sous le règne
« des Maximins, sur une section de l'ancienne route
« militaire qui de Lyon allait aboutir au fond de
« l'Aquitaine, après avoir traversé les montagnes
« d'Auvergne. »

Il arrive à cette conclusion, que la colonne de Moind
est en parfaite concordance avec la carte de Peutinger,
et avec la distance qui sépare Moind d'Usson et de
Feurs.

Nous n'avions pas oublié, comme bien l'on pense,
une visite au château comtal, puis royal de Sury,

(1) *Notice sur les colonnes itinéraires romaines de Moind et Feurs,* par
A. Barban, archiviste de la Loire — Saint-Etienne — Bénévent, 1859.

Mémorial de la Loire, du 11 décembre 1858.

Article de Bernard (A) *Journal de Montbrison*, du 1er décembre 1859.

(2) Abbé Roux, *Recherches sur le forum segusiavorum (Revue du Lyonnais*, 103, livraison 31 décembre 1858).

passé au XVIIe siècle dans la famille d'Escoubeau de
Sourdis. Tout nous avait grandement intéressé : les
cheminées monumentales, des boiseries sculptées, de
superbes lambris, et nous étions sorti rêveurs de
cette salle du premier étage où, suivant de la Mure,
eut lieu en 1313, ce tragique événement auquel on a
donné le nom de *Danse du Forez*.

L'église de cette commune date de la fin du
XIVe siècle. On y admire un triptyque exécuté, en
1512, pour Falconnet de Bouthéon, prieur de Saint-
Romain-le-Puy.

Il nous prit, un jour, la fantaisie de quitter la plaine
et de revoir Saint-Bonnet-le-Château, où l'on nous
avait conduits un jour de grand congé du séminaire.
Nous fîmes la route à pied ; c'était du reste assez
notre habitude, et notre première halte fut au bas de
la tour de Montsupt, seul vestige d'un important
manoir du XIIe siècle, qui dominait la voie Bolène (1).

Saint-Bonnet-le-Château est une petite cité qui a
conservé le vrai cachet du moyen-âge, avec ses rues
étroites, son église bâtie sur une hauteur, dont le
portail s'ouvre sur une terrasse d'où l'on jouît d'un
magnifique coup d'œil (2).

Les fresques et la crypte paraissent remonter au
XVe siècle. On y remarque l'*Assomption de la
Vierge*, son *Couronnement*, et un *Calvaire*, peintures

(1). Arch. N. — P. 1372, cote 2001, Huill., bréh., n° 1420.

(2) *Histoire de Saint-Bonnet-le-Château*, par deux prêtres du diocèse
MM. Langlois et Condamie).

qui datent du beau temps de la Renaissance, œuvre
sans doute de Louis Vobis, qui habitait la localité en
1416. — C'est là que se trouve le caveau qui contient
des corps momifiés.

Quand on s'arrête dans cette pittoresque petite
ville, il ne faut pas oublier de visiter l'ancien Hôtel
d'Apinac, où existe encore une salle recouverte d'un
superbe lambris à caissons. — L'hôpital est non
moins intéressant pour les amateurs. L'autel de la
chapelle est attribué au sculpteur Vaneau, qui avait
travaillé à Monistrol sur l'ordre de Monseigneur
Armand de Béthune-Sully, évêque du Puy en 1622.
On y admire un riche retable, des grilles en fer forgé
et d'anciennes tapisseries.

Une de nos courses les plus intéressantes, fut celle
que nous fîmes en aimable et nombreuse compagnie, à Pierre-sur-Haute (Mont-Herboux).

Nous grimpâmes par Saint-Bonnet-le-Courreau où
Gras nous fit lire l'épitaphe composée par lui, et
gravée sur la tombe de M. Bouchet, son oncle, curé
de cette commune :

> Saintement pénétré de son haut ministère
> Il a tout méprisé, le monde et les honneurs ;
> De sa paroisse il fut le conseil et le père,
> Pleurez, pauvres surtout, sa gloire est dans vos pleurs.

Après avoir salué Aubigneu, fief dépendant du
Chevalard, vendu en 1768 par le marquis de Cha-
bannes-Curton à Antoine Souchon, conseiller du roi,

nous atteignîmes enfin, à la suite d'une marche longue et pénible, vers le déclin du jour, les jasseries de Colleigne (1). Tout le long du chemin, nous avions été émerveillés de l'érudition de notre guide, qui nous racontait dans tous leurs détails les généalogies des petits seigneurs de Vaugirard, Grandris, Trécisse, Colombette et Beauvoir.

Pendant que nous buvions plusieurs tasses d'un lait délicieux, la vachère, une grosse fille naïve et joufflue, nous apprit que l'on conduisait dans la montagne, du 6 juin au 18 octobre de chaque année, deux cent-quarante bêtes à cornes, puis nous parla de la fabrication des *Fourmes*, et nous récita une poésie patoise qui nous fit rire, en nous disposant au sommeil, dont nous avions besoin pour réparer nos forces.

Le lendemain, nous assistions au lever du soleil sur la montagne, un des plus magnifiques spectacles dont j'ai gardé le souvenir. Notre but était atteint ; nous redescendîmes enchantés de notre excursion, par les jasseries de Gourgon, en étudiant la flore très variée à cette altitude de 1184 mètres.

C'est non loin d'elles, que le Lignon prend sa source et reçoit le ruisseau de Pierre-Brune, que l'on appelle le Petit-Lignon.

Nous avions ainsi parcouru tout l'arrondissement, nous connaissions pierre par pierre, les principaux manoirs féodaux, l'inscription la plus insignifiante ne nous avait point échappée, et si je voulais utiliser

(1) *Voyage à Pierre-sur-Haute et sur les bords du Lignon*, par L.-P. Gras Saint-Etienne, 1864.

toutes les notes que je possède, il me faudrait écrire
un second volume plus gros que celui-ci.

J'avais remarqué depuis quelque temps, que mon
ami semblait plus préoccupé que de coutume. Il y
avait chez lui moins d'entrain ; parfois même, il était
tellement distrait, qu'il ne répondait pas à mes
questions.

J'eus bientôt le secret de l'énigme, quand il m'an-
nonça qu'il avait l'intention de se marier, et me confia
comment cette idée lui était venue.

Quelques mois après la mort de M. Michel Bernard, mon père avait été rendre visite à sa fille dont
le deuil allait expirer. Elle le reçut en vieil ami et lui
fit ses confidences avec beaucoup d'émotion. Il allait
se retirer, lorsque reprenant son calme, elle lui dit :
« Voyez-vous quelquefois M. Gras ? On dit de lui
« beaucoup de bien » et lui tendant la main, elle
ajouta : « Je puis recevoir maintenant, revenez me
« voir, et s'il plaît à M. Gras de vous accompagner,
« il me fera plaisir. »

J'avoue que lorsqu'il me fit cette confidence, je
tombai des nues, en lui riant malicieusement au nez.
Je le croyais destiné par goût à un perpétuel célibat,
jamais je n'aurais pensé qu'il pût un jour enchaîner
sa liberté dont il était très jaloux. J'estime du reste,
que les écrivains de toutes sortes, historiens, roman-
ciers, poètes, archéologues, bibliophiles, n'ayant en
général qu'une passion qui les domine, ne peuvent faire que de mauvais ou fort médiocres ma-
ris. Ce qui m'étonnait le plus, c'est qu'il n'aimait

point la femme, ne lui accordant qu'une place secondaire dans la famille. Une fille d'Eve était pour lui
un être incomplet ; il comprenait l'*Hétaïre* mais n'avait
que de fausses idées sur la *Femme de foyer*.

Epicurien, dans toute l'acception du terme, il pri-
sait fort la bonne chère, connaissait par cœur son
Brillat-Savarin et suivait ses préceptes, — quand il
avait le moyen de les appliquer.

A cet âge, où le cœur du jeune homme chante son
premier hymne, où tout est amour et espérance, je
ne lui ai point connu de sérieuse liaison. Il recevait
avec plaisir les maîtresses de ses amis, — grisettes
charmantes, démodées par notre vulgaire horizontale,
— mais son âme restait vierge, sa pensée détachée
de toutes ces frivolités.

La flirtation lui était inconnue. Si d'aventure, il
s'était essayé à la pratiquer, il aurait été fort mala-
droit. Il comprenait comme aucun, le langage des
ruines ; par contre, il ignorait complètement celui des
fleurs ; et vous auriez inutilement demandé à ce sen-
timentaliste en retard de deux siècles, la signification
muette, mais éloquente du bleu myosotis. Aux bruits
du monde, il préférait le calme, la solitude, les mys-
térieuses rêveries. Tempérament à part, il y avait
en lui quelque chose d'indéfinissable, qui échappait à
la plus minutieuse analyse.

Dans ces conditions, fallait-il encourager ses projets, importait-il au contraire, de le faire revenir sur
une résolution qui me parût réfléchie, dirai-je, imposée par des motifs de raison ? Je gardai le silence, ne

voulant pas un jour, avoir à me reprocher des conseils qui auraient eu pour résultat, d'éloigner le bonheur qu'il espérait rencontrer dans le mariage.

Il avait, comme on a dû le comprendre, jeté les yeux sur la fille unique de M. Bernard, imprimeur à Montbrison et bibliothécaire de la ville, mort le 20 mars 1864.

Il lui avait succédé dans ce dernier emploi, que la Municipalité lui avait accordé avec beaucoup d'empressement. Il se trouvait enfin dans son élément, travaillait comme un bénédictin, passant ses journées à la bibliothèque à compulser, à classer les 10,000 volumes qu'elle contient, et préparant avec soin un nouveau catalogue.

Il recherchait et désirait cette alliance, non pas seulement pour la modeste fortune qu'elle devait lui assurer, mais parce qu'il se sentait honoré d'entrer dans une famille qui comptait Martin-Bernard, au nombre de ses membres. Il avait toujours admiré ce modeste ouvrier, né à Montbrison, le 17 septembre 1808, qui vint à Paris comme simple typographe, et fut vraiment le fils de ses œuvres.

Il savait très bien qu'après 1830 il était entré dans le parti républicain, comme membre avec Barbès et Blanqui, de la Société des *Droits de l'Homme*. Condamné après l'insurrection du 12 mai 1839, il revenait en 1848 en qualité de commissaire général des départements du Rhône, de la Loire et de l'Ardèche. Elu député de son département, il se réfugia en Angleterre, après le mouvement insurrectionnel du 15 juin 1849. Le 8 septembre 1871, il était élu député par le département de la Seine, mais il échoua à Saint-Étienne, le 20 février 1876.

J'ai cru devoir rappeler ici, le souvenir d'une honnête figure aujourd'hui disparue, car je suis de ceux qui pensent, que l'on doit du respect aux hommes qui recherchent avec désintéressement les intérêts populaires, et se font les défenseurs ardents des libertés publiques.

Sa nièce, Mlle Bernard n'était plus de première jeunesse, petite, et de plus malheureusement contrefaite, elle avait été élevée avec beaucoup de soin.

Elle passait pour un *Bas-bleu* qui avait bien son mérite, connaissait à fond ses classiques, lisait les romans à la mode, et tournait, m'a-t-on dit, fort joliment les vers.

Les œuvres de Dante-Alighieri, que mon ami prit un jour dans ma bibliothèque, firent naître chez ces deux jeunes gens, qui les lurent ensemble, un mouvement irrésistible d'estime et d'affection. J'ignore toutefois s'il trouva plus tard dans sa compagne, la Laure de Pétrarque ou la Béatrice du Dante. Le 22 février 1865, le brave garçon était au comble de ses vœux. Il épousait Mlle Jeanne-Joséphine-Cécile Bernard. Le mariage avait comme témoins : M. Monchet, Joseph, ingénieur, (55 ans), demeurant à Saint-Etienne, et M. Robert, Lucien (26 ans), chef du secrétariat de la Banque de France à Lyon, oncle et cousin de la future, Calley, Charles-Armand (29 ans), agent de la Compagnie du chemin de fer

de Romanèche, beau-frère de l'époux, et Révon,
Jules, (30 ans), principal clerc de notaire à Lyon,
son ami intime.

Je me souviens fort peu de Révon, connu au séminaire, c'était un taciturne que l'on avait surnommé
le *Sombre*. S'il n'a pas encore rendu à Dieu son âme
énigmatique, il doit être tabellion quelque part en
province.

Ce mariage étonna beaucoup de gens, les bonnes
langues surtout s'en donnèrent à cœur joie.

Quand il fut devenu quelqu'un, bien des mains
cherchèrent la sienne, on le complimenta, et tous les
hobereaux qui le traitaient autrefois par dessous
jambe, lui auraient volontiers ouvert leur bourse.
Lui, resta digne, il ne fut pas affolé par sa bonne
fortune. Ses relations n'en furent nullement changées,
et il n'affecta aucune fierté de sa nouvelle situation.

S'il put enfin quitter son éternel complet gris à carreaux, il ne put changer son excellent cœur et modé-
rer cette aimable franchise, que ceux qui l'ont connu
ne sauraient lui refuser.

Il se donna toutefois cette satisfaction si longtemps désirée : parler plus franchement encore, né-
gliger certains ménagements commandés jadis par
sa position précaire, apporter moins de réserve dans
ses paroles, et plus d'ironie mordante dans ses appréciations.

Après ce grand acte, qui compte plus ou moins
heureusement dans notre brève existence, il se remit
au travail avec une ardeur nouvelle.

Nous verrons dans le chapitre qui suit, comment il faut exactement apprécier son œuvre littéraire; quelle fut la nature de ses travaux et leur valeur réelle. Il sera facile alors de se rendre compte de son mérite personnel, et de juger l'importance de ses recherches historiques sur le département de la Loire. Son mariage lui permit de se consacrer désormais tout entier à ses chères études.

Il avait enfin réalisé, dans une certaine mesure, sa devise : A quoi bon, pensait-il, se préoccuper des besoins de la vie. Le lendemain lui était désormais assuré, aussi jouissait-il en philosophe, de cette *Aurea Mediocritas* qu'il avait mis douze longues années à obtenir.

CHAPITRE VIII

L'ARCHIVISTE DE LA DIANA ET SON ŒUVRE

Trois hommes ont, à des degrés divers, concouru à la création de la Société de la Diana. M. de Saint-Pulgent, dans un but que l'on devine, en fut l'inspirateur; le duc Fialin de Persigny en a été le fondateur officiel, Pierre Gras en restera, quoi qu'on dise, le véritable organisateur. C'est son œuvre plus que celle des deux premiers, et je ne sache pas qu'on ait jamais songé à lui en contester publiquement le mérite.

En présidant le concours agricole de 1860, à Montbrison, M. de Persigny, qui avait pour arrière-grand-oncle M. Fialin, curé en 1738 de Saint-Georges de

Baroilhe, avait manifesté l'intention d'acheter pour son propre compte l'ancienne salle de la Diana. La chose parut difficile du vivant de Mme Ve Chapuy, (c'est par erreur que j'ai écrit, page 74, Mlle Chapuy), mais elle mourait vers la fin de 1861 ; le maire de la ville se mit aussitôt en rapport avec le Duc, et l'on fit de ce projet une question municipale qui fut très vite résolue, à la satisfaction de tous. L'immeuble fut payé 6,000 francs, le 8 avril 1862, à Mme Ve Bardos, son héritière (acte Me Dessaulces), et l'on s'occupa de sa restauration pour l'objet auquel on le destinait.

On a beaucoup discuté sur l'origine du mot *Diana* ; j'incline à croire que c'est tout simplement une corruption du mot *Decania*, attendu qu'elle était comprise dans les bâtiments du doyenné de la collégiale de Notre-Dame d'Espérance.

Quoi qu'il en soit, c'est assurément le plus ancien monument héraldique, qui nous reste, du moyen-âge (1). Cette salle, bâtie en *pisé*, était située derrière l'église ; elle avait, comme dimensions intérieures, 19^m45 de longueur sur 8^m35 de largeur et de hauteur. La voûte ogivale, en bois de sapin, se divise en quarante-huit bandes horizontales, dont chacune comprend trente-six caissons.

Dans chacun d'eux est peint un blason, que l'on trouve ainsi reproduit trente-six fois. On y compte au total quarante-huit armoiries différentes qui for-

(1) *Mémoire sur les dispositions intérieures de la Diana.* — Duc de Persigny — Lyon 1869.

ment mil sept cent vingt-huit écussons. La bordure placée à l'origine de la voûte, comprend cent quarante blasons de moindre grandeur, dont la plupart ne sont pas connus, ayant pour supports des animaux fantastiques.

Il est à présumer que ces armoiries étaient disposées, suivant l'importance des familles, sur la voûte réservée aux barons et seigneurs, ayant droit de haute justice dans le comté. Beaucoup d'entre elles sans doute, rappelaient également diverses alliances des comtes de Forez.

Sur ces quarante-huit blasons, on en connaît exactement trente-et-un, cinq sont inconnus; enfin, il y en a douze dont les attributions sont douteuses et purement hypothétiques.

Ce monument, suivant la croyance générale, fut édifié à la hâte vers 1300, par Jean Ier, comte de Forez, pour servir aux fêtes de son mariage avec Alice de Viennois.

Loys Papon (1), chanoine de Notre-Dame y fit représenter une comédie ou ballet qui fut joué par les enfants des principales familles du pays, le dimanche 27 février 1588. Cette pastorelle était destinée à célébrer la victoire du duc de Guise, à Aulneau (2).

Il dut ensuite servir aux assemblées des Chanoines

(1) *Notice sur la vie et les œuvres de Loys Papon*, par Gui de la Grye.

(2) *Bibliothèque Harléienne de Londres*. Manuscrit de Loys Papon, n° 4,525.

de la Collégiale, et, jusqu'en 1789, l'on sait que les
Etats de la province de Forez s'y réunirent.

Le 8 août 1791, le district de Montbrison vendit la
Diana, comme bien national, au sieur Chorot pour
2,875 livres, qui la céda, le 26 juillet 1804, au nommé
Péronnet.

Elle devint successivement la propriété de M. Gilbert Mondon, avoué à Montbrison, et de Benoît
Jacquet. M. Jean-Claude Chapuy s'en rendit acquéreur le 24 juin 1821. Sa veuve légua à sa mort cette
propriété à Marguerite Couturier, V⁰ de J.-B. Bardos.

Depuis la fin du XVIII⁰ siècle elle servit à divers
usages. En 1852, un épicier y possédait son dépôt de
marchandises. Il avait fait établir, à la hauteur de la
frise de la voûte, un plancher auquel on accédait par
un escalier grossier dans la partie supérieure, qui servait de grenier à foin. Dès 1853, au mois d'août et
septembre, Gras et moi y faisions de fréquentes visites, non seulement nous avions dessiné les blasons
de la voûte, mais encore reproduit sur notre album
tous ceux de la frise, avec la figure des animaux sans
nom qui les accompagnent.

M. l'abbé Renon, vicaire de Notre-Dame, est un
des premiers, ce me semble, qui se soit occupé de cet
édifice, il avait publié en 1844 une courte notice de la
Diana avec la description des armoiries de la voûte (1);
en 1847, il donnait un ouvrage beaucoup plus important, la *Chronique de Notre-Dame-d'Espérance*.

(1) Abbé Renon. — *La Diana sous le point de vue historique et héra-
dique*, in-8⁰, Paris 1844.

Cet archéologue de très haute marque, avait plus
tard, pour se consacrer tout entier à ses études favo-
rites, revêtu la robe de Bénédictin. Il eut la satisfaction d'assister à l'inauguration de la Diana, et
mourut peu de temps après (novembre 1866), à l'âge
de 51 ans. Sa mort a été une très grande perte pour
la science.

Une fois en possession de cet immeuble, la ville
songea à l'aménager pour sa nouvelle destination, et
obtint une subvention de l'Etat.

M. Lebrun, architecte à Lyon, fut chargé de préparer les plans de cette restauration, ils furent revus
par Viollet-le-Duc, et approuvés définitivement le
29 janvier 1863.

Les travaux adjugés le 3 mai suivant, à l'entrepre-
neur Lambert, ne furent commencés qu'au mois
d'août, sous la direction de M. Mazerat, architecte du
département. Quel était vraiment le but de la nouvelle société dont l'on préparait l'asile ?

M. de Persigny ne se faisait-il pas lui-même d'illusions, sur son rôle futur. Dans sa perspicacité d'esprit, avait-il entrevu les circonstances accidentelles
qui pouvaient se produire, et modifier l'idée primitive
si chaleureusement accueillie de tous (1)?

(1) *Persigny* (Jean-Gilbert-Victor, Fialin duc de), né le 11 janvier 1808, à
Saint-Germain-Lespinasse (Loire) fit ses études au collège royal de Limoges
Haute-Vienne). Il s'engage à dix-sept ans au 3e régiment de hussards, élève
en 1827 à l'Ecole de Saumur, il en sort deux ans après maréchal des logis
au 4e hussards ; et prend part à l'insurrection organisée par ce régiment à
Pontivy (juillet 1830).

Le Clan des Enfants du Forez, était-il destiné à réunir dans un même sentiment patriotique, des hommes n'ayant d'autre souci que de rechercher, étudier et grouper dans une bibliothèque spéciale ce qui concernait l'ancienne histoire du pays ? N'était-ce point par aventure, une noblesse *sui generis* qui demandait à grandir à côté des derniers représentants

En congé de réforme temporaire, il est congédié définitivement le 4 octobre 1831.

Il vient à Paris, ville de ressources pour ceux qui n'en ont plus aucunes. — Rédacteur au journal *le Temps* en 1833, il fonde en 1834, la *Revue de l'Occident français*, qui n'eût qu'un seul numéro, contenant un article qui devait être l'origine de son étonnante fortune. *Examen du système impérial*. Il fut de ce fait, mis en relations avec le prince Louis-Napoléon, qui habitait Arenemberg.

Devenu l'homme du futur empereur, il a toutes les audaces, et prend part au complot de Strasbourg. Jugé par la Chambre des pairs, il parvient à se réfugier dans le grand duché de Bade.

En juillet 1840, il s'associe à la tentative de Boulogne, est condamné à vingt ans de détention dans la citadelle de Doullens, puis on ne sait pourquoi interné à Versailles, où il a toute liberté.

Mis au courant du coup d'Etat de décembre 1851, il assiste à l'occupation du palais Bourbon par le colonel Lespinasse.

Ministre de l'intérieur le 22 janvier 1852, sénateur le 31 décembre suivant, ambassadeur à Londres le 7 mai 1855, il est nommé grand-croix de la Légion d'honneur le 16 juin 1856, membre du Conseil privé le 1er février 1858.

Après son séjour à Londres, où il réussit pleinement, on le retrouve Ministre de l'intérieur le 25 novembre 1860.

M. Fialin a épousé le 27 mai 1852 Mlle Albine-Napoleone-Eglé Ney de la Moskowa dont il a eu trois enfants.

Il est mort à Nice en 1872.

Mme la duchesse de Persigny a épousé en secondes noces M. Le Moyne.

Par jugement du Tribunal civil de la Seine du 19 décembre 1887 Me Lavoignat, notaire à Paris, a été nommé conseil judiciaire de Mme Le Moyne.

Cent ans bannière, cent ans civière!

des anciennes familles, pour recueillir plus tard leur prépondérance?

Assurément le noble Duc n'entendait pas créer une association qui conservât des traditions démodées, nourrit des espérances jusqu'ici chimériques, frappant d'ostracisme ceux dont les opinions n'étaient point conformes aux siennes. S'il vivait encore, il éprouverait une singulière surprise, et aurait quelque peine à reconnaître son œuvre.

L'installation de la société se fit avec une très grande solennité, le 29 août 1862, dans la salle de la cour d'assises (1). M. de Persigny, son président, y prononça un magnifique discours qui eût un très grand retentissement en Europe. La presse parisienne fut à peu près unanime, à part quelques notes discordantes, à prendre part à ce concert d'éloges.

Tout nouveau tout beau. On s'emballa à fond dès le début, on compta bientôt 240 sociétaires, puis ce beau zèle calmé, chacun revint à ses petites affaires. Ce fut le 1er septembre 1866 qu'eut lieu l'inauguration de la salle de la Diana, très artistement restaurée (2); nouvel emballement de second ordre cette fois, après lequel se produisit l'accalmie.

Comme dans toutes les institutions de ce bas monde, après les bonnes heures survinrent les mau-

(1) *La Diana, Société historique et archéologique du Forez.* Conrot, 1863. — *Inauguration de la Diana. Courrier de Saint-Etienne,* 1862.

(2) *La Diana, Société historique et archéologique du Forez.* — *Procès-verbaux des séances.* A. Huguet, 1865. — *Mémorial de la Loire,* 30 août 1866

vaises. Les assemblées cessèrent, les comités d'arrondissement ne fonctionnèrent plus.

Gras, pour raviver le zèle, eut alors l'idée de fonder la *Revue forézienne*, qui fut adressée pendant quelque temps à tous les sociétaires, puis disparut faute d'argent. Dès le commencement de 1870, il n'y eut plus de communications entre la société et ses membres. L'horizon politique se chargeait de gros nuages, il courait dans tous les esprits le sombre pressentiment des événements lugubres, qui devaient abattre l'Empire, et marquer cette époque d'une large tache de sang.

Le 10 janvier 1872, les membres du conseil prirent l'initiative de provoquer une assemblée générale, en adressant à leurs collègues le décret du 13 février 1869, reconnaissant la Société comme établissement d'utilité publique. Cette circulaire était signée Testenoire-Lafayette et L.-P. Gras (1). Cet appel énergique réunit 48 membres.

Le 23 mai 1872, l'Assemblée générale nomma à titre provisoire, son bureau et le conseil d'administration ; le 10 juin 1873, de nouvelles nominations eurent lieu à titre définitif.

La Diana comptait alors 94 membres.

Il me semble que l'on n'a pas suffisamment rendu justice à M. Testenoire-Lafayette, président de la Société, dans ces moments difficiles, et tenu trop peu compte de ses inappréciables services pendant plu-

(I) *Recueil des Mémoires et Documents sur le Forez*, publiés par la Diana. Tome I. Saint Etienne, Chevalier 1873.

sieurs années. C'est à lui qu'on doit en grande partie
la reconstitution de la Société, qui depuis lors a pris
une immense importance. — Au mois de juillet 1874,
il y avait 107 membres titulaires et dix correspondants, en juin 1884, on comptait 231 sociétaires ; de
nouvelles admissions avaient largement comblé la
trouée faite par les démissions nombreuses de
1882-83.

Enfin en 1886, la liste comprenait 207 membres
titulaires, 26 membres correspondants et 29 Sociétés savantes adhérentes. Depuis cette époque le
nombre des adhésions a toujours été en augmen-
tant.

La bibliothèque de la Diana renferme environ 8,000
volumes ; un premier catalogue a été publié en 1865·
On en a préparé un second et dernier très complet,
qui est actuellement à l'impression. M. Rochigneux,
fils de Baptiste, l'ancien jardinier du jardin public,
exerce les fonctions de bibliothécaire. Il a succédé
à Gabriel Garnier, depuis le 12 septembre 1881 (1), et
apporte dans ses fonctions une compétence et une
affabilité, que tous ceux qui l'approchent sont unanimes à reconnaitre.

M. Gonnard a publié en 1875 une *Monographie
de la Diana*, qui lui valut une grande médaille de
vermeil au congrès archéologique de France, dont la
52ᵐᵉ session eut lieu à Montbrison, du 25 juin au

______

(1) M. Gabriel Garnier est mort le 20 juillet 1881 et non en 1884, comme il est
dit par erreur à la page 168, ligne 12.

2 juillet 1885, sous la présidence de M. de Marsy. (1)
Il avait déjà obtenu, m'a-t-on assuré, une subvention
de 2,000 francs du Gouvernement, qui lui fut ac-
cordée grâce aux sollicitations de l'un de ses amis.
— A mon grand regret, je n'ai pu vérifier l'exactitude
du fait.

Cet ouvrage tiré à 150 exemplaires seulement, est
édité avec luxe. Il est fort bien conçu, et l'auteur
l'a illustré lui-même de nombreux dessins très exacts
des différentes parties de la salle de la Diana.

Cependant il me paraît nécessaire d'y relever un
passage qui me semble contenir une grosse inexac-
titude, que mon devoir de biographe me commande
de ne point passer sous silence.

H. Gonnard nous apprend, page 51, que Gras
avait eu connaissance du travail qu'il projetait, et
qu'en 1857 il lui avait adressé une note manuscrite
contenant la description de tous les blasons de la
frise (2).

Il ajoute (page 93) que Gras, dans sa brochure
publiée en 1866 (3), « a essayé de donner des attributions dont le « plus grand nombre sont fort douteuses.
« Son travail contient en outre un certain nombre
« d'erreurs dans la description des écussons. La
« plupart de ces erreurs ont été rectifiées par

(1) Vachez (Auguste). *Compte-rendu de la 52ᵉ session du congrès archéologique de France, tenu à Montbrison,* in 8°. Lyon-1885.

(2) H. Gonnard. — *Monographie de la Diana,* 1 vol, in-4°, Vienne 1875.

(3) P. Gras. — *Notes sur quelques blasons de la Diana.* Broch. in-8°,
Lyon, 1866.

« M. J. Delaroa qui reproduit cependant les attri-
« butions hasardées par M. L.-P. Gras. »

Je n'ai jamais vu M. Delaroa, et j'ignore de quelle
autorité peut être son opinion en semblable matière.
Ce que je puis affirmer, c'est que notre ami Gonnard
songeait peu, en 1855, à l'art Héraldique, alors qu'il
faisait ses études au petit séminaire de Sainte-Foy-
l'Argentière, peignait « des fleurs d'après nature »
et se proposait, comme il me l'écrivait l'année suivante, d'entrer à l'Ecole des Beaux-Arts de Lyon.

Gras, au contraire, connaissait à fond, dès 1853, la
Diana au point de vue héraldique.

Je me demande si M. Gonnard aurait publié ces
lignes du vivant de celui qui lui donna le goût de
l'archéologie, lui prodigua ses conseils et fut son
premier maître. Cette protestation tardive ne trom-
pera donc personne.

Pour la sympathique estime que j'ai gardée à cet
ancien camarade, j'incline à croire, qu'il a commis en
cette circonstance une involontaire erreur.

Je déclare franchement que Gras était comme tous
les chercheurs, égoïste et très jaloux de ses découvertes, profitant parfois de renseignements, surpris
par hasard, qui le mettaient sur une piste utile à
suivre, mais je l'ai toujours considéré comme incapable d'une indélicatesse de ce genre. Il a largement
prouvé qu'il avait de suffisantes connaissances,
pour ne point glâner dans le champ d'autrui.

Le 4 septembre 1877, le maréchal de Mac-Mahon,
venant assister aux grandes manœuvres militaires

aux environs de Boën, s'arrêta à Montbrison, où il séjourna moins longtemps que François Ier.

Il n'eut que le temps de visiter la salle de la Diana, où il fut reçu par M. Testenoire-Lafayette qui, à la tête des membres du bureau, lui souhaita la bienvenue.

Peut-être trouvera-t-on que je me suis paresseusement étendu sur les phases diverses qui marquent l'existence de cette société, c'est bien possible ; mais je tenais à justifier ce que j'ai dit plus haut, en faisant connaître, d'une façon précise, dans quel milieu s'écoulèrent les dix années de notre Secrétaire-archiviste, un convaincu ardent de l'œuvre de M. de Persigny, qu'il avait puissamment aidé de ses conseils et de ses écrits, un travailleur obstiné, toujours sur la brèche, qui ne désespéra jamais dans les moments difficiles, et auquel les malintentionnés eux-mêmes étaient forcés de reconnaître une compétence hors ligne. Tout le monde sait, en effet, qu'il était en butte aux jalousies de quelques-uns de ses collègues, et que, s'il avait vécu, il aurait été, sans nul doute, sacrifié à de mesquines rancunes et forcé de résilier ses fonctions peu *lucratives*. M. Vincent Durand lui a succédé dans la situation délicate de secrétaire, et c'est assurément le meilleur choix que l'on pouvait faire. Il m'apparaît comme l'incarnation vivante de la Diana. Fort instruit des choses de l'histoire locale, à l'affût de la moindre découverte dont l'on peut tirer quelque profit, il a rendu déjà et rendra encore de sérieux services, dont ses collègues savent apprécier la haute im-

portance, C'est le plus exact de tous les membres, et
l'on ne trouverait pas une réunion, — qui, du reste
perdrait en imprévu, — où son absence soit cons-
tatée.

Quand la séance languit, alors que l'ordre du jour va
être épuisé, et que les assistants, comme nos honorables du Luxembourg, semblent disposés au sommeil
ou à rentrer chez eux, après avoir fait le tour des boulevards, M. Durand tire de sa poche un papier qu'il
déploie lentement, et dont il donne lecture. C'est
chaque fois une communication intéressante, à laquelle
personne ne songeait, venant rompre la monotonie
des rapports, et occuper quelques minutes. — Aujourd'hui, c'est la description d'un ceinturon méro-
vingien trouvé dans les fouilles de Moind ; demain, ce
sera la nouvelle qu'on vient de découvrir, dans l'église
de Pommiers (31 janvier 1883), le tombeau de sainte
Prève , fondatrice du monastère de ce nom , fille
de Gérard II, Comte de Lyonnais et de Forez ; —
et toujours de plus fort en plus fort.

Puis la séance est levée.

Je vais surprendre mes lecteurs par une révélation
inattendue, mais absolument exacte, et je vois d'ici les
haussements d'épaules qu'elle va provoquer. P. Gras
avait sérieusement songé, une fois sa position acquise, à devenir propriétaire du château de la Bastie.
Dès 1866, il caressait ce rêve, mais il ne possédait
pas une fortune suffisante pour le réaliser, et n'offrait
aucune surface pour faire appel au crédit ; néanmoins, il conservait l'espoir, le naïf, d'être aidé dans

cette œuvre patriotique par plusieurs personnages riches, dont je pourrais citer les noms.

Il semble qu'il pressentait ce qui devait arriver quelque temps après. La mort lui a épargné une bien douloureuse déception ; elle l'a emporté juste à point pour qu'il ne vit pas se produire un de ces actes de vandalisme, peut-être unique dans l'histoire d'un pays, où, pour quelques milliers de francs, on s'est laissé ravir d'inestimables richesses.

Ce fut en 1853 que je vis le château de la *Bâtie* (orthographe moderne) pour la première fois. A l'occasion de la fête de notre Supérieur, on y avait conduit la communauté. Nous y passâmes une journée très attrayante, dinâmes sur l'herbe, et ne rentrâmes que fort tard à Montbrison.

Nous n'avions eu garde d'oublier notre album, et pendant que nos jeunes camarades se livraient à leurs joyeux ébats, nous prîmes, avec mon ami Gras, de nombreuses notes, quelques croquis de l'intérieur de la chapelle, sans oublier une vue d'ensemble du château. Cette dernière me servit, un an après, pour une peinture à l'huile, qu'un dessin fort réussi de de M. Adrien Biscornet reproduit exactement (1).

A l'origine, le château de La Bâtie était une simple villa, d'où dépendait une ferme agricole. Elle devint ensuite une maison forte, défendue suivant les usages de l'époque, qui comprenait une seigneurie

____

(1) Les illustrations ci-jointes n'ont d'autre prétention que celle d'être des documents exacts, destinés à compléter cet ouvrage et à parler aux yeux comme le texte parle à l'esprit.

Le Château de Labatie en 1854

de peu d'étendue, sans paroisse ni justice, située sur
la commune actuelle de Saint-Étienne-le-Molard.
Quelques années plus tard, on l'avait transformée
en une demeure de plaisance reconstruite avec beaucoup de luxe, où les arts et les belles lettres furent en
grand honneur pendant les XVIᵉ et XVIIᵉ siècles.
L'histoire nous a conservé le souvenir des splendides
fêtes qui y furent offertes, et redit les éclatantes récep-
tions, dont furent l'objet les plus hauts personnages
du temps.

M. le comte Georges de Soultrait, a publié l'année
dernière : *Le château de la Bastie d'Urfé et ses Seigneurs*, La Diana a contribué aux frais de cette
publication, pour une somme égale à celle qu'elle
consacre annuellement à l'impression de son *Recueil
de documents et mémoires historiques*. On aura
sans doute été surpris, de ne pas rencontrer dans ce
livre, œuvre d'un savant, et préparé de longue main,
plus de détails nouveaux et intéressants sur l'illustre
famille d'Urfé.

Il devait être pourtant facile de sortir des chemins
battus, de compléter cette histoire généalogique, et de
racheter la stérilité du sujet par des aperçus nouveaux
qui, certainement, auraient doublé l'intérêt de cette
publication.

Quoi qu'il en soit, c'est un bel ouvrage, édité avec
grand soin, qui contient soixante-quatorze photo-
gravures hors texte, — parmi lesquelles beaucoup
sont remarquables, — exécutées sous la direction et
d'après les clichés de M. Félix Thiollier.

Aussi, me paraît-il difficile, de savoir quel est celui
des deux collaborateurs qu'il faut le plus féliciter pour
cet artistique volume, qui occupera une large place
dans la Bibliographie forézienne.

M. Stéphane Geoffray qui, comme tant d'autres,
eut son heure, habite depuis plusieurs années Paris,
où il s'occupe de travaux archéologiques.

Il avait été, en 1884, chargé d'éditer cet ouvrage
chez le libraire Chossonnery. Ce n'est point ici le lieu,
de rechercher et d'expliquer les divergences de vues
qui se sont produites entre M. de Soultrait et lui, et
qui ont eu pour résultat, de faire passer en d'autres
mains l'œuvre déjà commencée.

Assurément, M. Geoffray pouvait mener à bien cette
difficile entreprise. Il connaissait, dans ses moindres
détails, son La Bâtie, et, muni d'une autorisation
écrite de M. le duc de Cadore, il est le premier, dans
le pays, qui se soit occupé, dès 1854, de l'iconographie
du château — *Cuique suum.*

Il lui restera, en outre, le mérite d'avoir découvert
la porte extérieure sculptée de la chapelle, que l'on
avait dissimulée sous des planches de sapin.

Il connaît, en artiste, l'ancienne demeure des d'Urfé ;
il y vint deux fois avec Gras qu'il tenait en haute
estime. Il avait offert une généreuse hospitalité à
notre jeune archéologue, l'accompagnant dans ses
courses en Roannais, et visité avec lui, l'abbaye et
le donjon de Charlieu, très sérieusement étudiés
depuis, par M. Jeannez.

La noble maison d'Urfé tient, pendant plusieurs

siècles, une large place dans l'histoire du Forez. Elle
s'était établie d'abord à quelques lieues de Roanne
(commune de Champoly), dans un important manoir
féodal, dont il ne reste que des ruines que l'on nomme
les *Cornes d'Urfé* (1).

Au XVe siècle, elle fixa sa résidence définitive au
château de la Bastie, non loin des bords du Lignon.

Pierre d'Urfé, époux d'Isabel de Chavigny, créé
bailli de Forez, par le duc de Bourbon (en 1486)
l'avait fait reconstruire presque en entier. — Claude
d'Urfé, fils unique de Pierre II, hérita en 1508 de la
grande fortune de sa famille. Attaché tout jeune
encore à la cour de François Ier, il était en 1536 bailli
de Forez, assistait en 1548 au *Concile de Trente*, et
revenait de Rome en 1553, enthousiasmé des merveilles qu'il avait vues. C'est à partir de 1535 qu'il
avait fait commencer la restauration de cette demeure
déjà somptueuse, et édifier plus tard la merveil-
leuse chapelle que Papire Masson appelle *Sacellum
mirabile*. Très grand admirateur des chefs-d'œuvres
de la Renaissance, il confia à des artistes italiens
la décoration de ce sanctuaire, où l'on remarquait
des panneaux de marqueterie d'un travail très soigné,
représentant des scènes de l'histoire sainte, un autel
en marbre blanc, et deux bas-reliefs très finement
sculptés (2).

(1) *Les d'Urfé*. — A. Bernard. — Paris 1839.

(2) A la vente de la Bibliothèque du baron Laroche-Lacarelle qui a produit (en avril 1885), l'assez jolie somme de 515,000 francs, on a adjugé

Jacques, époux de Renée de Savoie, à son tour bailli de Forez en 1558, est le père d'Honoré d'Urfé, auteur du célèbre roman de l'*Astrée*. Son fils aîné, Anne d'Urfé, lui succéda dans ses fonctions en 1574. Il avait épousé Diane de Chenillac de Chasteaumorand, dont il se sépara en 1598, pour embrasser la carrière ecclésiastique.

En mars 1578, Henri III, en reconnaissance de ses

5,405 francs un manuscrit ayant pour titre : *Heures de Nostre-Dame à l'usage de Rome escriptes au dict lieu l'an MDXLIX, par M. Franc Wydon et dédiées à Messire Claude d'Urfé chevalier de l'ordre du Roy très chrestien et son ambassadeur au Saint-Siège apostolique*, petit in-folio maroq. rouge, fil. tr. dor. rel. ancienne.

Ce superbe manuscrit sur velin de 85 feuillets, écrit en lettres rondes comprend 25 miniatures à l'aquarelle, à l'encre de Chine, au bistre, rehaussées d'or.

Il porte les armes de la famille d'Urfé. Le texte est orné de 147 grandes lettres initiales à fond bleu, vert, violet et jaune.

Il provenait de la Bibliothèque du duc de la Vallière (Catalogue de Bure, aîné, Paris 1762).

Il appartient aujourd'hui à M. le comte de Lignerolles, un des bibliophiles les plus connus de Paris.

J'ai acheté en 1867 dans une ferme de Saint-Etienne-le-Molard un petit cabinet que l'on m'a affirmé provenir du château de la Bastie. Ce meuble a pour dimensions 0.42 de largeur sur 0.30 de hauteur et de profondeur. Il est en marqueterie, parfois irrégulière, mais il appartient à l'époque de la Renaissance, et doit avoir été fabriqué sans doute, par un des ouvriers italiens, employés par Claude d'Urfé.

Il contient dans l'intérieur huit tiroirs également en marqueterie. Le devant du meuble porte le blason des Buffardan de Gresolles : *d'azur au lion d'argent, armé et lampassé de gueules chargé de trois besants d'or*. (Ancienne maison de Forez d'après l'héraldiste Paillot.) Gras dans son Armorial, n'en fait aucune mention.

Le comte Gayardan de Gresolles de Saint-Germain-Laval, fut député de la noblesse aux états généraux (5 mai 1789). Cette similitude de nom, permet de supposer qu'il appartient à cette famille.

services, avait érigé cette seigneurie en comté. — La charge importante de Bailli de Forez semblait à perpétuité attachée à cette famille. De 1603 à 1684, plusieurs de ses membres en furent titulaires.

Emmanuel d'Urfé, filleul du duc de Savoie, bailli en 1627, avait épousé Marguerite d'Allègre, dont il eut neuf enfants. Cinq de ses fils embrassèrent l'état ecclésiastique : l'aîné, Louis, devint évêque de Limoges (1), le plus jeune de tous, Joseph, qui fut lieutenant du roi en Limousin, bailli de Forez, s'était marié avec Louise de Gontaut-Biron, dont il n'eut point d'enfants.

Le nom d'Urfé fut pris en vertu d'une substitution de 1511, par Louis-Christophe de Larochefoucault, bailli de Forez, qui mourut en 1724, au camp de Tortone, dans le Milanais.

Sa fille aînée, Marie-Thérèse-Adélaïde, apporta en 1754 à Alexandre, marquis du Châtelet, son époux, le nom et les armes des d'Urfé. — Il vint s'installer au château de La Bastie, où naquit le marquis Achille du Châtelet, qui se distingua dans les guerres d'Amérique ; à son retour, enfermé à la *Force*, comme conspirateur, il s'empoisonna le 20 mars 1794. Avec lui finit la descendance des seigneurs de la Bastie.

(1) Je ne crois pas devoir entrer ici, dans de très longs développements au sujet de la famille d'Urfé. Je me propose de publier au mois de janvier prochain la biographie de *Louis-Lascaris d'Urfé, 84, évêque de Limoges.*

On trouvera dans cet ouvrage des renseignements généalogiques très complets, et nombre de documents inédits, jusqu'à ce jour ignorés.

En 1765, tous les biens des d'Urfé avaient été saisis et mis en vente. Ils furent adjugés au marquis de Simiane (François-Louis-Hector), qui réalisa un énorme bénéfice, en les revendant en détail. En 1778 le château de la Bastie avec ses terres, devint la propriété de Louis-François-Germain Puy de Mussieu. Son fils avait ajouté à son nom patronymique celui de la Bastie, et s'était marié en 1796 à une demoiselle de Vougy, dont il eut MM. Octave et Ernest Puy de la Bastie.

M. Puy vendit son château à M. le duc de Cadore qui y fit effectuer quelques réparations sans importance, et se contenta de faire consolider par M. Mauverney de Saint-Galmier, les vitraux de la chapelle exécutés en 1557.

Les héritiers du duc cédèrent cette propriété à M. Verdollin, banquier, qui rendit habitable le vieux manoir, dont il employa les bâtiments à des usages industriels.

M. Jean de Neufbourg, un amateur riche, est actuellement propriétaire des quelques épaves de cette demeure historique, où l'on voit encore la splendide voûte de la chapelle, la grotte à l'Italienne, la galerie, la rampe et la loggia de l'aile droite.

En 1873, M. Verdollin prit avec M. Derriaz, de Lyon, des engagements qu'il ne lui fut plus possible de résilier ultérieurement.

La société de la Diana s'émut tout à coup ; elle comprit, mais trop tardivement, que le pays était menacé de se voir privé pour jamais d'inestimables richesses. Au lieu de faire appel au patriotisme local, qui dans bien d'autres circonstances s'est nettement affirmé, on a ergoté, perdu un temps précieux, marchandé, déterré je ne sais quelle vieille circulaire sur le classement des monuments historiques (1er octobre 1841), écrit au Ministère des beaux-arts, sollicité de l'Etat et du Conseil général une subvention; puis après de longues démarches, quand on crut enfin pouvoir traiter avec un exigeant propriétaire, il était trop tard (1).

Si les murs de la Bastie sont encore debout, les richesses nombreuses qu'ils abritaient sont aujourd'hui dispersées.

M. Alphonse de Rothschild a acheté les splendides verrières des deux fenêtres de la chapelle.

M. Gustave de Rothschild, la porte sculptée du *Sacellum*.

La cheminée est la propriété de M. E. Magnier, directeur du journal l'*Evénement*.

M. Beurdeley a fait don au musée du Louvre de la marche en carreaux émaillés de l'autel.

M. du Sommerard a acquis pour le musée de Cluny, une partie des compartiments du pavé émaillé de la chapelle, dont les musées de Rouen, Sèvres, Grenoble, Bayonne et celui des *Arts décoratifs* de Paris conservent quelques fragments.

M. Giraud, conservateur du musée Saint-Pierre, à Lyon, a hérité d'un mascaron en terre cuite.

(1) *Recueil des Mémoires et Documents sur le Forez de la société de la Diana*. Tome II (1875).

M. Emile Peyre possède tout ce qu'il y a de plus précieux, les boiseries de la chapelle et d'autres objets de grande valeur.

Mais le clou de sa superbe collection, est sans contredit la chapelle du château de la Bastie, que le propriétaire a fait reconstituer dans son état primitif, avec un goût et une science qui témoignent de ses hautes connaissances archéologiques.

C'est bien là le *Sacellum mirabile* de Claude d'Urfé, avec ses marqueteries italiennes, ses peintures religieuses, son magnifique devant d'autel de marbre, ses bas-reliefs, dus au ciseau d'un grand sculpteur inconnu.

M. Peyre vous montre en outre dans son jardin, le sphinx en pierre, qui se voyait au bas du grand escalier de la cour de cette habitation seigneuriale.

Après une visite de deux heures, on sort littéralement émerveillé, mais avec le regret bien naturel que le Forez ait laissé disparaître des richesses qu'il eut été si facile, il y a quinze ans, de conserver avec quelques milliers de francs.

Dans ce Forez où règne l'amour éclairé des arts, où de nombreux favoris de la fortune se targuent de générosité, et se flattent d'aimer avec passion leur pays, il ne s'est pas trouvé seulement vingt-cinq personnes, prêtes à ouvrir leur bourse à cordons déployés, pour empêcher un acte incroyable de vandalisme. Cette histoire est navrante !...

L'œuvre littéraire de L.-P. Gras semblera bien légère à beaucoup. Il y a du vrai ; c'était un tempéra-

Ces trois voix instruiront ainsi le fils de France ...
Jouis en attendant de ta douce ignorance :
Ignorance et bonheur portent le même sceau !
Sommeille doucement, sommeille sous tes langes,
Écoutant dans la nuit les doux concerts des anges,
Des anges du bon Dieu penchés sur ton berceau ! ...

Paris, le 16 Mars 1856

P. L. Gras d. M.

AUTOGRAPHE DE L. PIERRE GRAS

ment d'artiste, qui n'a jamais synthétisé le beau, un esprit dont l'esthétique, dans toute sa pureté, était le moindre souci. Telle qu'elle, cependant, cette œuvre est importante, et il serait désirable que chacun en eût produit autant. Il avait beaucoup travaillé, mais à mon avis, sans méthode, réuni de nombreux documents de grande valeur, et si la mort ne l'avait aussi brusquement surpris, il aurait pu utiliser tout ce travail préparatoire et laissé d'intéressants ouvrages.

Il savait surtout très soigneusement étudier les écrivains qui lui avaient ouvert la voie, et s'était inspiré de leur manière ; aussi nous apparaît-il parfois dans certaines productions presque l'égal de ses maîtres. Il connaissait à fond les œuvres du Chanoine de la Mure ; parmi les Historiographes modernes, Auguste Bernard qu'il prit pour modèle, et qui restera l'un des auteurs les plus recommandables du pays, pour ses livres consciencieusement écrits, ses recherches historiques, ses investigations ardentes, qui amenèrent la découverte de l'*Histoire des Comtes de Bourbon et du Forez*, dont les manuscrits, à la suite de circonstances bizarres, s'étaient fourvoyés à la Bibliothèque d'Auxerre.

Il suffira du reste de donner la liste complète des manuscrits, livres imprimés, brochures et papiers personnels qui ont été trouvés après son décès, et que la Diana a eu l'excellente pensée d'acquérir et de faire classer :

Album du Montbrisonnais. Anecdotes, légendes,

poésies, etc., sur Montbrison et les environs. —
Mss. petit in-8° oblong.

Bellecour. — Article découpé dans le *Progrès industriel de Lyon* et remmargé. — Petit in-4°.

Bibliographie. *Armorial général du Lyonnais,
Forez et Beaujolais. Quelques mots sur la noblesse
lyonnaise.* Article découpé dans le *Progrès industriel
de Lyon* et remmargé. — Petit in-4°.

Bibliographie. *Recherches historiques sur Roanne
et le Roannais,* faisant partie des œuvres de M. Jacques Guillien…. Article découpé dans le *Journal de
Montbrison* du 1er mars 1863 et remmargé. — Petit
in-4°.

Bibliographie. *Tout souffre et tout aime,* poëme,
par Mme A. de Jussieu. Article découpé dans le *Journal de Montbrison* et remmargé. — Petit in-4°.

*Calendrier perpétuel et Prophéties véridiques
pour l'année 1865 et suivantes* (signé Mathieu de la
Loire). Pièce de vers découpée dans le *Journal de
Montbrison….* et remmargée. — Petit in-4°.

Cartulaire de Saint-Sauveur. Copie d'une partie
des titres, analyse des autres. — Mss. dossier petit
in-f°.

Chants populaires du Forez, avec les airs notés. —
Mss. dossier petit in-f°.

Copie d'un compte du XIII ou XIV° siècle. Ce
compte paraît avoir été employé dans une reliure;
il s'applique à des constructions exécutées en Auvergne, car on voit que la pierre est prise de Volvic
et la chaux de Combronde. — Mss. in-8°.

Découverte d'objets antiques à Vinols. Article découpé dans le *Journal de Montbrison* du 15 mars 1863 et remmargé petit in-4°.

Description du Forez en vers. — V. Pourrat.

Description et dessins de monuments pour la plupart foréziens. Poésies, mélanges. — Mss., douze albums de divers formats et dossier, petit in-f°.

Dictionnaire du patois forézien. Matériaux ayant servi à la rédaction de cet ouvrage. — Mss. dossier petit in-f°.

Dictionnaire du patois forézien. — Lyon, Brun 1863, in-8°.

Essai de classification des monuments préhistoriques du Forez. — Montbrison 1872, in-8°.

Essai de classification des monuments préhistoriques du Forez. Notes ayant servi à la composition de cet ouvrage. — Mss. dossier, petit in-f°.

Essai sur l'étymologie des noms de lieux et de famille dans le Forez (ouvrage inachevé). — Mss. dossier petit in-f°.

Etude sur l'architecture romane dans le Forez (ouvrage inachevé). — Mss. petit in-f°, figures.

Extrait des protocoles des notaires Buhet, de Saint-Bonnet-le-Château (1564 à 1654). — Mss. in-4°.

Extrait du petit cartulaire de Saint-Romain-le-Puy (à la bibliothèque de la Diana). — Mss. petit in-f°.

*Extraits d'un ancien registre. Inventaire des titres des archives, provisions d'offices, etc., sous le comte Jean I*ᵉʳ. — Mss. petit in-f°.

Extrait d'un registre d'investisons faites par les prêtres sociétaires de Saint-Bonnet-le-Château (1516 à 1545). — Mss. petit in-f°.

Extraits du recueil abrégé des actes faits au bénéfice des comtes de Forez, etc. (Mss. de la bibliothèque de Montbrison, n° 47). — Mss. petit in-f°.

Extraits faits dans divers fonds privés (papiers Montagne, J.-B. Périer, Dugas, etc.).— Mss. dossier petit in-f°.

Fête patronale de Montbrison. Article découpé dans le *Progrès industriel de Lyon* (juillet 1859) et remmargé. — Petit in-4°.

Filigranes recueillis dans quelques terriers du Forez. — Saint-Etienne-Bénevent 1873, in-8°.

Filigranes recueillis dans quelques anciens terriers du Forez. Matériaux ayant servi pour ce travail. — Mss. dossier petit in-f°.

Généalogie des Girard, seigneurs de Vaugirard, Grandris, etc. Feuille d'épreuve du livre de M. Prost sur Saint-Bonnet-le-Courreau, découpé et remmargé. — Petit in-4°.

Généalogie de familles foréziennes : 1° un carton et dix dossiers par ordre alphabétique ; 2° un registre et un énorme dossier de notes ayant servi à la rédaction de la première partie. — Mss. petit in-f°.

Glossaire de quelques termes employés dans les terriers du Forez. Matériaux ayant servi à la notice imprimée sous ce titre dans le tome III de l'*Histoire des Ducs de Bourbon*, etc., par la Mure, publiée par M. de Chantelauze. — Mss. in-4°.

Histoire de la ville de Montbrison (inachevée). — Mss. dossier petit in-f°, figures, plans.

Inscriptions foréziennes, complément du recueil d'inscriptions publié dans la *Revue forézienne*. — Mss. dossier in-8°.

Inventaire du recueil de titres formé par la Tour-Varan (appartenant à M. Philippe Thiollière). — Mss. petit in-f°.

L'ancienne préfecture et les anciens préfets de Lyon. Deuxième article découpé dans le *Progrès Industriel de Lyon* (février 1859). — Remmargé in-4°.

Le Forez, historique et poétique. Chroniques et légendes. Plan d'un ouvrage sous ce titre et matériaux rassemblés en vue de sa composition. — Mss. dossier petit in-f°.

Le Fils du Trappeur, roman. — Mss. petit in-f°.

L'Eglise de la Charité. Article découpé dans le *Progrès Industriel de Lyon* (1859). — Remmargé petit in-4°.

L'Eglise de Saint-Bonaventure. Article découpé dans le *Progrès Industriel de Lyon* (1859). — Remmargé petit in-4°.

Le Lutin. Article découpé dans le *Journal de Montbrison*. — Remmargé petit in-4°.

Les Bohémiens à Montbrison (signé Actéon). Article découpé dans le *Journal de Montbrison*. — Remmargé petit in-4°.

Les Célestins. Article découpé dans le *Progrès Industriel de Lyon* (1859). — Remmargé petit in-4°.

Les dernières Marquises de Couzan. Roman. — Mss. petit in-8°.

Les Evangiles des Quenouilles foréziennes (Montbrison, 1863). — Petit in-8° de 111 pages.

Les Paysans du Forez. — Mss. dossier petit in-f°.

Les Ponts de Lyon. Article extrait du *Progrès Industriel de Lyon* (1859). — Remmargé petit in-4°.

Les Vieilles enseignes de Lyon. Article publié par le *Progrès Industriel de Lyon* (1859). — Remmargé petit in-4°.

Mademoiselle Eustoquie. Roman.—Mss. petit in-f°.

Matériaux ayant servi à la rédaction de plusieurs articles publiés dans le *Progrès Industriel de Lyon.* — Mss. dossier petit in-f°.

Nécrologie : *Charles Favrot* (Montbrison). — Grand in-4°.

Nécrologie : *Le Colonel d'Argy.* Article publié par le *Journal de Montbrison.* — Découpé et remmargé petit in-4°.

Note sur le parcours de la voie antique nommée Bolène, au sujet de substructions gallo-romaines découvertes sur la commune de Saint-Romain-le-Puy. Article paru dans le *Journal de Montbrison* du 24 juillet 1864. — Remmargé petit in-4°.

Notice sur une pierre sculptée aux armes des Villeroy, trouvée en démolissant un pan de mur des anciens remparts de Montbrison. Article paru dans le journal de cette ville. — Remmargé, petit in-4°.

Notes pour servir a l'histoire de Chandieu. — Mss. dossier petit in-f°.

Notes rassemblées en vue d'une notice sur Ecotay.
— Mss. petit in-f°.

Notice sur Honoré d'Urfé. Extrait du *Journal de Montbrison.* — Remmargé, petit in-4°.

Obituaire de Saint-Thomas-en-Forez, suivi de l'histoire de ce prieuré. — Lyon. A. Brun 1873, in-8°.

Obituaire de Saint-Thomas-en-Forez. Notes ayant servi à la rédaction de cet ouvrage. — Mss. dossier petit in-f°.

Observations sur l'ouvrage de M. Auguste Callet intitulé : La *légende des Gagats.* — Montbrison 1866, in-8°.

Papiers de Montarcher. Extraits de divers documents parmi lesquels se trouve un plan de Montarcher — un terrier d'Estivareilles — la liève d'un terrier de la Chapelle (1646). — Mss. in-4°.

Poésies. — Mss. dossier, petit in-f°.

Répertoire héraldique ou Armorial général du Forez. — Saint-Etienne Chevalier 1874, in-8°.
— Matériaux ayant servi à la rédaction de cet ouvrage. — Mss. dossier petit in-f°.

Revue forézienne. Matériaux ayant servi pour les articles publiés par L.-Pierre Gras dans ce journal. —Mss. dossier petit in-f°.

Saint-Rambert-sur-Loire (Notes sur). — Mss. dossier, petit in-f°.

Voies antiques du Forez. Notes ayant servi à des articles publiés dans la *Revue forézienne.* — Mss. dossier, petit in-f°.

Voyages à Pierre-sur-Haute et sur les bords du

Lignon. — Saint-Etienne. Chevalier 1864, in-8°. — (Feuilletons du *Courrier de Saint-Etienne* du 27 juillet au 7 août 1864).

Voyages à Pierre-sur-Haute et sur les bords du Lignon. Documents relatifs à cet ouvrage. — Mss. dossier, petit in-f° (1).

La mort semble depuis quelque temps frapper à coups redoublés sur nos érudits compatriotes. M. Régis de Chantelauze était trop connu, pour qu'il soit besoin d'en faire ici l'éloge.

Il avait édité en 1860 et 1861 l'*Histoire des Comtes de Bourbon et du Forez*, par de La Mure, et obtenu de M. de Campredon, qui habitait alors la Corée, communication des manuscrits de Papon. Il publiait l'année suivante, sous le nom de Gui de la Grye, une série de portraits foréziens qui obtinrent un succès mérité. Il s'était porté candidat, au commencement de cette année, aux trois fauteuils vacants à l'Académie française, alors que Melchior de Vogué, archéologue et littérateur, briguait seulement l'honneur d'occuper le quinzième. La mort lui a évité un échec certain. Il a fait don à l'Institut de sa bibliothèque et de ses collections d'antiquités. Ne semblera-t-il pas qu'il aurait fait preuve de patriotisme, en léguant ces richesses soit à la ville de Lyon, soit à celle de Montbrison, dont il était originaire.

(1) Je dois à M. Louis Monery, de Roanne, la communication de cet intéressant document. J'ai le devoir, et je ne saurais y manquer, de lui en témoigner ici toute ma gratitude.

Trois hommes viennent de descendre presque simultanément dans la tombe. MM. Auguste Broutin,
le Dr Frédéric Noëlas et le comte Georges de Soultrait.

Des plumes plus autorisées que la mienne leur ont
déjà rendu justice (1). Je ne puis que m'associer à la
douleur de leurs familles, aux regrets universels
qu'ils laissent, et exprimer le souhait de voir bientôt
se combler —, ce que je n'espère pas —, le vide
immense qu'ils laissent dans le monde archéologique.

Un fait certain ressort de tout ce que je viens
d'écrire, et je voudrais faire partager ma conviction
à ceux qui liront ce livre. Pierre Gras a donné pour
l'étude des questions historiques, un élan qui depuis
quinze ans surtout, ne fait que croître et s'affirmer
davantage. — Il a jeté en passant, cette bonne se-
mence du travail, qui a germé et fructifie. Il ne m'est
pas possible d'indiquer ici, tous ceux qui ont marché
sur ses traces, les jeunes surtout : parmi eux beaucoup d'ecclésiastiques dont les écrits sérieux font le
plus grand honneur au pays. Il semble que chacun
veuille apporter sa pierre, quelque minime qu'elle
soit, à cet important monument d'histoire particulière, et que loin d'enrayer la marche en avant, la perte
de ceux qui tombent sur la brèche, soit un encouragement à de plus grands efforts, et à de nouveaux
travaux.

Je voudrais voir, quelqu'un assez dévoué pour se

(1) Consulter L'*Ancien Forez*, par E. Révérend du Mesnil, année 1888.

charger de dresser la liste complète de toutes les œuvres parues depuis le commencement de ce siècle, avec une analyse succincte du sujet et une appréciation de la valeur littéraire de chacune d'elles. Si j'en avais le temps, peut-être me serais-je attelé à semblable besogne qui demande beaucoup de patience, une constance à toute épreuve, et de longues études. Je donne cette idée pour ce qu'elle vaut, mais je la crois bonne. Je souhaite qu'un autre plus expérimenté que moi, la prenne pour son compte, et s'attache à la réaliser dans les conditions qu'il jugera profitables.

Certes, ce catalogue d'un genre nouveau serait des plus intéressants. Rédigé sans préjugés, ni parti pris, il rendrait justice à chacun, puis il aurait, en outre, dans l'avenir, une immense portée pour la bibliographie forézienne.

CHAPITRE IX

EPILOGUE

Je touche à la dernière, et à la plus pénible partie
de la tâche que je m'étais imposée. Ce chapitre ne
saurait donc comporter de longs développements. Il
est toujours douloureux de s'appesantir sur les derniers instants de ceux qu'on a aimés, et d'évoquer
inutilement de pénibles souvenirs.

Voici l'acte de décès de Pierre-Marie-Louis-Robert
Gras, mort à Montbrison le 5 juillet 1873 :

*Extrait des Archives du Greffe du Tribunal Civil
de Montbrison (Loire).*

L'an mil huit cent soixante-treize et le cinq juillet, à neuf

heures du matin, devant nous, Pierre Hatier, adjoint au maire
de la ville de Montbrison, remplissant par délégation les
fonctions d'officier public de l'Etat civil de ladite ville, sont
comparus messieurs Charles Calley, âgé de trente-huit ans,
chef de service des marchandises à la gare de Mâcon, y demeurant, et Georges Lang, âgé de trente-trois ans, négociant, demeurant à Valence, tous deux beaux-frères du
décédé, qui nous ont dit que M. Pierre-Marie-Louis-Robert
Gras, propriétaire, âgé de trente-neuf ans, demeurant à
Montbrison, natif de Saint-Etienne, fils de vivants Pierre et
de dame Marie-Anne-Eléonore Gaingard, époux de dame
Jeanne-Joséphine-Cécile Bernard est décédé cejourd'hui, à
une heure du matin, dans son domicile situé en cette ville,
Grande-rue.

Après nous être assuré du décès ci-dessus déclaré, nous
avons rédigé le présent acte, que les comparants ont signé
avec nous après lecture.

Suivent les signatures :

Pour extrait conforme.

Pour le Greffier,

A. Duclos C. G.

Vu par nous, Président du Tribunal civil de Montbrison,
pour la légalisation de la signature de M. Duclos en la qualité qu'il a prise.

Montbrison, le 31 mars 1887.

Condomine.

Dès le milieu de l'année 1872, P. Gras avait res-
senti les premières atteintes de la maladie qui devait
si promptement l'enlever.

Il prévoyait que sa fin était prochaine ; d'ins-

tinct il sentait que la mort le guettait, qu'elle se
tenait, la faux à la main, à côté de sa table de travail, prête à le faucher au jour marqué par la Providence. Il espérait cependant, ce robuste garçon, à la
large poitrine, aux épaules carrées, d'un tempérament solide, qui n'avait eu dans sa vie, que de rares
instants d'indisposition, sans aucune suite, qui jouissait enfin d'une existence relativement heureuse,
pouvoir consacrer de longues années à ses chères
études, et mourir à un âge très avancé dans le pays
qu'il chérissait.

Et c'est pour cela, que comptant sur sa constitution, il n'avait nul soin de sa santé, et faisait comme
au temps de sa toute jeunesse, de longues et fatigantes courses, sans aucun souci du vent, de la pluie,
ou des brusques variations de la température.

Il souffrait sans mot dire, se trompant à dessein
sur son état, sans laisser entrevoir à ceux qui l'ap-
prochaient, le malaise intérieur qu'il ressentait. C'était
seulement dans l'intimité de la famille qu'il hasardait
une plainte timide, craignant de trop effrayer ceux
qui, seuls, le rattachaient vraiment à la vie.

Nous correspondions encore assez fréquemment, et
dans ses lettres, empreintes d'inquiétude, j'étais par-
venu à lire entre les lignes. Je sentais que le moral
était affecté, et ne me faisais guère d'illusion sur une
catastrophe plus ou moins prochaine, assurément
inévitable, que mon amitié souhaitait voir reculée à
de longues années.

Elles étaient toujours, il est vrai, empreintes d'une

profonde affection ; elles avaient cependant perdu ce caractère d'entrain, de gaieté plaisante, d'espoir constant en des temps meilleurs, qui en faisaient le charme dix ans auparavant.

A la fin de 1872, il m'écrivait longuement, et contrairement à ses habitudes, me parlait des craintes que lui inspirait le mauvais état de sa santé.

Montbrison, 15 décembre 1872.

Mon cher Arthur,

Tes lettres deviennent trop rares, et j'ai lieu de m'en plaindre. Tu sais avec quel plaisir je les reçois, et je ne puis admettre que tes fonctions de *Forestier* te laissent assez peu de loisirs, pour ne plus donner signe de vie à ton vieil ami.

J'ai bien regretté, crois-m'en, de ne pouvoir aller te rendre visite à Saint-Marcellin, au printemps de cette année.

Anatole m'a fait de ta résidence un tableau flatteur qui me laisse d'inutiles regrets. Après les événements de 1870, et la plus terrible catastrophe des temps modernes que nous ayons eu à subir, j'aurais voulu, comme tu m'en conviais, parcourir avec toi, tes immenses taillis de chêne de Chambaran, les forêts de hêtres et de sapins de Rencurel, et pousser jusqu'au Villars-de-Lans, que je désirais connaître. Ce que tu m'as maintes-fois raconté de ce pays du Dauphiné, — nos Alpes françaises, — que tu viens de quitter, m'a très souvent mis l'eau à la bouche, mais je suis marié, père de famille, et ne saurais sans un motif grave, pour mon plaisir seulement, abandonner mon intérieur et mes travaux d'archéologue.

La description que tu me faisais, avec ta verve intarissable, de la Grande-Chartreuse où l'on déguste la réconfortante liqueur du Père Garnier, du torrent de la Bourne, de Pont-en-Royans, de la route si pittoresque des Grands-

Goulets m'a causée un vif plaisir. J'aurais voulu pouvoir aller te surprendre au milieu de tes charmants amis, en compagnie de qui tu vis dans le meilleur hôtel de la localité, accueilli par une société d'élite, avec la faveur que tu m'as toujours semblé mériter.

Tu m'annonces que tu as été récemment nommé Garde Général des forêts à Montélimar, et que tu viens de t'installer à ton nouveau poste. Je te félicite sincèrement d'avoir obtenu un avancement conforme à tes désirs, dans une ville où te réclamaient depuis deux ans tes intérêts de famille. — C'est le pays du *Nougat*, cela rend plus doux, dit-on, ceux qui en usent. Comme toi, je ne dédaigne pas les bonnes choses, et sache en passant, que ma charmante fillette adore les sucreries.

Je ne refuse pas la nouvelle invitation que tu me fais. Si mes occupations me le permettent, je trouverai bien une semaine pour aller profiter de ton aimable hospitalité, — c'est entendu. — J'accepte une chambre dans ta coquette maison aménagée à la parisienne. Nous y resterons toutefois le moins possible. Comme jadis nous ferons de longues courses dans le département de la Drôme.

Je visiterai avec plaisir ton petit domaine du Rouergue, tes vignes aux ceps luxuriants de Gamey et de Grenache, tes mûriers centenaires, ta magnanerie-bijou où tu te proposes de combattre avec succès par une éducation nouvelle, les maladies des vers à soie, enfin, la vieille maison forte de Nocaze où réside ta famille, et dont les murs épais, vieux de deux siècles déjà, semblent défier les facéties débordantes du torrent du Roubion.

Que te dirai-je maintenant de moi ? Fort peu de choses. Ma vie est à la fois aussi régulière et monotone qu'on peut la rêver à Montbrison. Ma santé est chancelante et parfois m'inquiète, je souffre sans bien en connaître les causes. Je travaille beaucoup. Il ne me manque que le camail de l'historien de La Mure, aux fonctions près, comme lui, je quitte

peu ce cloître de Notre-Dame, qu'aimait tant le bon chanoine. Je t'ai tenu, je crois, au courant de mes travaux et
adressé régulièrement toutes mes publications; réclame-moi
celles qui pourraient manquer à ta collection.

Dans ce moment, je suis occupé à classer mes notes, à
recueillir de nouveaux documents pour la grande Histoire de
Montbrison, qui a été le rêve de ma vie, et que je désire
être le couronnement de ma carrière. Nous la commencions
ensemble au séminaire, il y a vingt ans déjà, t'en sou-
vient-il ?

La physionomie de la ville de Montbrison est restée la
même depuis quatre ans que tu nous a quittés. C'est toujours
la vie calme, monotone, insouciante, que viennent de
loin en loin égayer quelques cancans ou des racontars de
portière.

Comme tu l'as appris, bien des ambitions aidées par la
fortune s'agitent dans ce moment, et une démarcation très
nette sépare toujours notre aimable bourgeoisie de la pré-
tendue noblesse du pays.

Je vois assez souvent ton excellent père, quand je monte à
Ecotay ; je vais le surprendre au *Petit Saint-Georges*, où il
vit en véritable ermite avec Claudine, son antique gouver-
nante, y recevant ses amis ou les curieux qui viennent visiter
ses intéressants bibelots. Il ne descend dans la journée à la
ville, que pour faire sa causette chez le père Lafond, et
passer deux heures au Cercle, où il joue le whist à un sou la
fiche, et le bézigue en 2000 points.

Il marche allègrement vers sa soixante-sixième année, et
paraît devoir jouir longtemps encore des loisirs que lui a
faits la République, et de la pension qu'elle lui sert.

Je rencontre très souvent ton frère Anatole, il grossit,
engraisse, et sa tête commence à se déplumer.

A ton tour, viens donc nous voir, cher bon, et le plus tôt
possible. Tu seras accueilli avec empressement par tous nos
vieux camarades. J'ai aussi un modeste pied-à-terre à la

campagne, où je serais fort heureux de recevoir celui que
j'ai toujours compté au nombre de mes meilleurs amis.

Je t'embrasse affectueusement.

P. GRAS.

Cette lettre est la dernière que j'aie reçue. Je n'y
répondis pas. Tout entier à mon nouveau service,
improvisé propriétaire, obligé de surveiller la culture
de quelques lopins de terre et de plusieurs hectares
de vignes, que la fortune, bien ingrate depuis, avait
mis entre mes mains ; je m'endormais dans cet indes-
criptible *farniente* que procure une douce aisance, qui,
semblable à l'opium, surprend, insensibilise les gens
qui n'y sont pas habitués.

J'appris bien la maladie de P. Gras, mais je n'avais
aucune raison de m'en inquiéter outre mesure.

Comme tout le monde, je crus à une indisposition
passagère, dont on s'exagérait à coup sûr la gra-
vité.

Ce fut donc avec une véritable et douloureuse stupéfaction, que je reçus dans les premiers jours de
juillet 1873, une lettre aux larges filets noirs, m'an-
nonçant la mort de mon vieux condisciple.

La maladie, enrayée dès l'origine et savamment
combattue, avait fait de rapides progrès ; il semblait,
toutefois, que la science devait en avoir raison.

Mais la nature était là, prête à faire respecter ses
droits ; la mort grimaçante veillait au chevet de la
victime, elle allait enfin saisir la proie qui lui était
destinée.

Entre la chute et la rechute, il n'y eut que l'espace de quelques mois. Le malade se sentant d'abord soulagé était venu à Saint-Étienne, revoir ses sympathiques connaissances. Ce n'était qu'une fausse guérison : forcé de rentrer à Montbrison dans le courant du mois de mai, il ne tardait pas à s'aliter de nouveau, puis, malgré les soins de médecins dévoués, succombait après avoir beaucoup souffert, le 5 juillet 1873, des suites d'une affection dont je n'ai jamais su les causes. Il succombait, n'ayant pas encore quarante ans, usé je le crains, par les privations de la virilité, un surmenage intellectuel à trop forte pression, le souvenir des amertumes du passé, mais nullement comme on a cherché à l'insinuer, à la suite de chagrins ressentis dans un ménage où l'entente la plus parfaite, n'avait cessé de régner pendant huit années.

J'ai eu le regret de ne pas accompagner Gras à sa dernière demeure, ma seule consolation a été de faire en 1874, une pieuse visite à sa tombe.

Qui pourrait me dire, quand il me sera permis de venir m'y incliner de nouveau ?...

Je n'avais plus rencontré M. Gras père depuis 1867, quand j'appris tout à coup son décès. Il était mort à Lyon, le 29 décembre 1873, à l'âge de 72 ans. Moins de six mois après, il rejoignait dans la tombe son fils si prématurément enlevé à sa famille, à ses amis, à la science.

Ce qui tuait ce vieillard, c'était moins le poids des années qu'il supportait allègrement, que la blessure

inguérissable, que lui avait faite la perte de ce fils
unique, sur lequel il avait fondé tant d'espérances,
au succès duquel il pouvait applaudir, et à qui la fortune longtemps inconstante, semblait enfin à demi
sourire.

Il avait deux filles, qui s'étaient depuis long-
temps mariées, l'une à M. Lang, négociant à Valence
(Drôme), l'autre à M. Calley, modeste employé de la
Compagnie du chemin de fer de P. L. M.

Ainsi s'éteignait le nom patronymique de cette famille qui, à défaut d'illustrations marquantes, avait
eu pour derniers représentants deux hommes également laborieux, intelligents, honnêtes, auxquels les
circonstances, — faute d'argent, — n'attribuèrent
qu'un rôle des plus effacés dans les événements de
leur temps.

Pierre Gras n'a laissé qu'une jeune fille, aujour-
d'hui âgée de 22 ans, qui, après avoir perdu sa mère,
a été élevée par ses tantes. Elle possède, d'après
ce que je sais, dans les allures et le tempérament,
de grandes ressemblances avec son père. Elle a
suivi les cours du Conservatoire de musique à Lyon,
puis embrassé la carrière théâtrale.

Mon œuvre est terminée : je crois avoir dit tout ce
que je savais sur mon ami mort depuis quinze ans,
que personne, — quelle que soit l'indifférence humaine, — ne peut encore avoir oublié. J'ai la cons-
cience de l'avoir dit, avec sincérité, sans faux-fuyants,
sans nulle exagération.

Peut-être trouvera-t-on que le secrétaire de la *Diana*

ne valait pas la peine que j'ai prise. On objectera que
sa vie s'est écoulée d'une façon monotone, sans bruit,
comme ces milliers d'existences banales, qui doivent
rester dans l'ombre d'où personne ne songe à les
tirer. On ira jusqu'à dire que j'en fais un personnage
au-dessus de son vrai mérite. C'est possible, mais
je pense tout autrement, et j'ai le droit d'exprimer
mon avis. Quoi qu'il advienne, je ne regrette pas les
heures consacrées à cette biographie.

Qu'un autre se lève, continue son œuvre, fasse
mieux, ou simplement produise la moitié de ce
qu'il a produit pendant sa courte existence, il aura
droit au même titre, à mes éloges ou à mes critiques.

Je sais fort bien qu'il n'y a point ici-bas d'individus
indispensables ; soutenir le contraire est une menteuse
utopie, dont l'on commence tardivement à revenir. Ce
sont d'ordinaire les circonstances qui mettent en relief
les caractères bien trempés. Mais combien peu d'hommes sont aptes à savoir en profiter ! Combien peu,
surtout, ont au cœur assez de patriotisme, pour
préférer les intérêts de leur pays au soin d'améliorer
leur situation de fortune, ou d'augmenter leur influence
dans la contrée qu'ils habitent.

Il me reste à formuler un dernier souhait. Depuis
1871, on a élevé en France près de trois cents statues.
Il en est d'autres dont l'inauguration est prochaine.

Nous subissons une véritable épidémie du bronze.
Il n'est pas de petite bourgade en France, qui ne
tienne à contempler sur sa place publique, les traits
du pseudo-grand homme qu'elle a vu naître.

La ville de Montbrison possède depuis peu, au milieu de son jardin public, la statue du poète de Laprade. C'était sans contredit, un homme de valeur que l'on a bien fait d'immortaliser.

Martin-Bernard pouvait prétendre aussi à semblable honneur. Mais, dans ce coin de terre, où les idées libérales ont été toujours mal accueillies, où la noblesse et la fortune semblent primer tous les mérites, on ne saurait consentir à glorifier un honnête citoyen, qui eut le rare mérite de rechercher avec ardeur le progrès social, et de défendre les libertés publiques.

Il coulera encore bien de l'eau sous le pont du Vizezy, il s'en ira de longues années, avant qu'il ne surgisse, à moins que ce ne soit des rangs du peuple, quelqu'un qui soit aussi digne de pareille justice.

Et, je ne sais pourquoi j'ai l'idée, qu'un jour, dans un moment de colère brutale, ce peuple grisé par les idées socialistes, auquel on répète trop souvent qu'il est seul souverain, jetera par terre les orgueilleux monuments qu'il a élevés, et brisera ces bronzes plus ou moins insignifiants, pour fondre des canons, ou simplement fabriquer des gros sous.

Louis-Pierre Gras, qui par son mariage s'était allié aux Bernard, cette famille de philantropes, est trop petit personnage pour mériter de ses concitoyens semblable glorification. Mais il reste à son égard quelque chose à faire. Le comprendra-t-on! Les membres de la Diana ont, à mon avis, le devoir de perpétuer son souvenir, et de placer dans la salle

de leurs réunions, le buste en marbre —, bien modeste
si l'on veut —, de leur regretté collègue, qu'ils sem-
blaient du moins estimer de son vivant, et qui fut
un intelligent collaborateur, auquel ils sont en
grande partie redevables de l'état prospère de leur
société.

Je croyais, au début, publier une simple brochure
dans le genre de celles d'Hyppolite Castille; me voici,
sans presque m'en être aperçu au bout d'un gros volume. Je me suis laissé entraîner trop loin, je l'a-
voue, par l'ampleur et l'attrait du sujet.

A chaque page, un souvenir en évoquait un autre
dans ma mémoire, aussi intéressant que le premier,
et par une naturelle association d'idées, il me remet-
tait sous les yeux nombre de faits que je n'ai pas cru
devoir passer sous silence.

S'en plaindra-t-on? On aurait tort. Car tous ces
détails sont d'une scrupuleuse exactitude, et leur
place était marquée dans cette biographie d'un genre
tout nouveau.

J'avoue qu'il faudrait être de mauvaise foi, mécon-
tent de certaines appréciations, dont je n'ai été que
le fidèle interprète, ou en somme fort grincheux,
pour me garder rigueur de m'être trop longtemps
arrêté sur des détails que tout le monde ne jugera
pas inutiles.

Qu'on le sache bien pourtant, je préfère cent fois
la critique, quelque injuste qu'elle soit, à l'indifférence.

Et c'est pour cela, qu'en certaines circonstances,

le voulant et le sachant bien, je n'ai pas craint de présenter le défaut de la cuirasse.

De quelque façon que ce livre soit accueilli par le public, il me restera cette double satisfaction, et c'est assurément beaucoup, d'avoir après l'hommage rendu à la mémoire d'un affectueux ami, payé un bien faible tribut de reconnaissance au pays qu'habite mon vieux père, où j'ai passé les inoubliables années de ma jeunesse; — à ce cher Forez, — que j'aime malgré ses défauts, de toutes les forces de mon âme, et que l'on ne voudrait plus quitter quand on a appris à le bien connaître.......

UN DERNIER MOT

L'auteur ne croit pas devoir dresser ici un *Errata*, pour quelques erreurs de nulle importance, que le lecteur rectifiera sans peine s'il s'en aperçoit.

Ce ne sont au surplus que des coquilles typographiques, que l'on rencontre dans tous les ouvrages, même les plus soignés, et qui ne peuvent en rien nuire à l'intelligence du texte.

Il se propose du reste, s'il le juge utile, de publier comme complément à cet ouvrage, dans une *Plaquette* spéciale et de même format, les corrections concernant les inexactitudes échappées par inadvertance, les additions nécessaires, ainsi que les omissions ou rectifications qui lui seraient signalées par les personnes que ces *Biographies foréziennes* peuvent intéresser.

Comme l'a dit très judicieusement de Reiff : « *Un Errata est un acte de contrition qui vient toujours trop tard.* »

TABLE DES MATIÈRES

INDICATION DES ILLUSTRATIONS

Têtes de Chapitre, Vignettes, Culs-de-Lampe, etc.

Achevé d'imprimer le 25 Octobre 1888,
par l'Imprimerie Parisienne (G. Robert, D^r), 19, rue du Faubourg-St-Denis,
à Paris.
Illustrations de Lucien Renout (Margueritte) et de Adrien Biscornet.
Phototypies et clichés de la maison Poirel et Cie
38, rue de la Tour-d'Auvergne, Paris.

CABINET PALEOGRAPHIQUE FRANÇAIS
PARIS

www.ingramcontent.com/pod-product-compliance
Lightning Source LLC
LaVergne TN
LVHW010940180726
843502LV00004B/1026